CHUYING ZHANCHI ZHI GAOYUAN
YONG FENDOU QINGCHUN SHUXIE
DAXUE SHIGUANG

雏鹰展翅志高远
用奋斗青春书写大学时光

刘 丽 张 振 李流舟 编著

北京理工大学出版社
BEIJING INSTITUTE OF TECHNOLOGY PRESS

版权专有　侵权必究

图书在版编目（CIP）数据

雏鹰展翅志高远：用奋斗青春书写大学时光／刘丽，张振，李流舟编著. --北京：北京理工大学出版社，2022.6

ISBN 978-7-5763-1344-4

Ⅰ. ①雏… Ⅱ. ①刘… ②张… ③李… Ⅲ. ①高等学校-学生工作-文集 Ⅳ. ①G645.5-53

中国版本图书馆CIP数据核字（2022）第089678号

出版发行／北京理工大学出版社有限责任公司	
社　　　址／北京市海淀区中关村南大街5号	
邮　　　编／100081	
电　　　话／（010）68914775（总编室）	
（010）82562903（教材售后服务热线）	
（010）68944723（其他图书服务热线）	
网　　　址／http://www.bitpress.com.cn	
经　　　销／全国各地新华书店	
印　　　刷／保定市中画美凯印刷有限公司	
开　　　本／710毫米×1000毫米　1/16	
印　　　张／15.25	责任编辑／徐艳君
字　　　数／225千字	文案编辑／徐艳君
版　　　次／2022年6月第1版　2022年6月第1次印刷	责任校对／周瑞红
定　　　价／78.00元	责任印制／李志强

图书出现印装质量问题，请拨打售后服务热线，本社负责调换

前　言

　　《教育部关于加强高等学校辅导员班主任队伍建设的意见》指出："辅导员、班主任是高等学校教师队伍的重要组成部分，是高等学校从事德育工作，开展大学生思想政治教育的骨干力量，是大学生健康成长的指导者和引路人。"辅导员是开展大学生思想政治教育的骨干力量，是大学生日常思想政治教育和管理工作的组织者、实施者和指导者，应当努力成为大学生的人生导师和健康成长路上的知心朋友。节日的祝福，天气转凉时的叮嘱，考试前期的鼓励和提醒……辅导员与学生一路同行，努力做到思想上关注、行动上关爱、精神上关怀。

　　大学生生涯规划教育不仅仅是短期的指导工作，作为一名辅导员，如何坚守初心，践行育人使命，在大学生生涯规划教育中充分发挥作用？如何帮助学生尽快适应大学生活，从一名高中生顺利转变为大学生？如何引导帮助学生明确方向？如何帮助学生从学生角色转变为职业人角色？辅导员需要使用生涯规划理论知识，转变工作角色，借助有效工具，辅助学生能够

雏鹰展翅志高远 用奋斗青春书写大学时光

进行自我探索，认知外部世界。

为了培养建设一支高素质的大学生职业生涯规划教育工作队伍，切实加强辅导员队伍建设，2017年刘丽工作室获校级辅导员工作室立项，建设类别为大学生职业生涯规划教育类，2018年刘丽工作室获批珠海市优秀辅导员工作室。工作室建设，以职业生涯发展理念为主线，贯穿大学四年教育过程，开展新生生涯规划教育、低年级职业生涯团体辅导、高年级生涯人物访谈及职业生涯实训等系列特色活动，将大学四年的"学生生涯"规划与"职业生涯"规划紧密衔接，对学习、生活、能力发展、人际关系等大学阶段涉及的方方面面进行科学规划和有效辅导。

2016级学生小胡（化名），入学后一直担任班级班长和学院学生会干事，他性格外向，有幽默感，学习成绩良好，表现一直很出色，得到了同学和老师的认可。小胡的父亲在他读高中时去世，这使原本名列前茅的他在高考中发挥失常，家中现在只有母亲一人，家庭收入只有母亲的工资。小胡深感母亲的辛苦，希望能够早日工作赚钱，缓解家庭压力，因此，小胡在大学期间勤工俭学，曾经做过网络编辑、销售员等兼职。虽然还有两年就要毕业了，面对家庭艰难的境地，他想要早点离开学校，到社会上去赚钱，但是又不清楚自己该做什么、怎么做。小胡感到很迷茫，于是他找到了辅导员。

2014级学生小力（化名），在校期间学习成绩优异，多次获得优秀学生奖学金，同时辅修会计专业双学位，顺利取得会计专业学位。他在担任学习委员、低年级班主任助理期间，做事认真负责。大四上半学期，他与专业对口的大型企业签了三方协议。然而，辅导员接到他的毕业设计指导老师的电话，反馈他没有按照时间节点提交相关资料，并且不接老师电话、不回信息。接到反馈后，辅导员迅速通过毕业设计指导老师进一步深入了解到年前毕业设计的任务和要求，年后开会查看小力的进度。小力一直没有露面，只是在QQ上告诉老师自己的速度慢一些，会在后面跟上。一直到了距离答辩还有不到一个月的时间，小力仍然没有把作品交给老师查看，并且不接老师电话、不回信息。小力因毕业设计遇到技术问题，通过自己多次尝试无法解决，向同学求助受挫而产生逃避心理。

从以上案例，作者深刻认识到在大学生生涯规划过程中，辅导员不仅需要爱心、耐心、责任和担当，而且更需要不断将理论与实践相结合，做到从容应对。

本书编著者担任专职辅导员十年以上，多年从事大学生就业指导工作，承担学校就业创业课程。然而课堂上的指导受到大班课堂、课时等影响，教学内容多为分析学生普遍遇到的问题，启发学生生涯意识，如何做才能对学生的生涯规划教育产生既具有吸引力又具有可操作性的实效呢？编著者发现，优秀学生的成长历程可以影响和激励更多学生，因此要充分发挥朋辈教育在学生成长成才中的作用，引领新生迅速适应大学生活。于是，编著者将自身工作案例加以总结，形成本书。本书分为四个篇章：第一章雏鹰展翅志高远不负青春，第二章雏鹰展翅志高远不负时光，第三章雏鹰展翅志高远不负时代，第四章雏鹰展翅志高远面向未来。辅导员通过案例指导学生在校的学习和生活，同时结合优秀大学生在学校的成长经历，激发广大学生能够规划大学美好时光，"知行合一"，在奋斗中追逐青春理想。

辅导员是教育工作中的一颗螺丝钉，**是学生成长路上的指导者和引路人。**作为一名辅导员，立德树人，发挥自己的专业知识，做好本职工作，培养好学生，就是为社会交出了一份最好的答卷。衷心希望本书对高校辅导员和大学生能够有所帮助，在处理相关问题时，有据可依、有章可循，提高工作效率和工作效果。让我们共同持续努力！

编著者

2021 年 12 月

目录 CONTENTS

第一章 雏鹰展翅志高远不负青春 ·· 1

辅导员说：聊一聊，"四力"班助是怎样炼成的？ ················ 3

辅导员说："空中课堂"学风建设话你知 ···························· 8

工作案例：关爱、增援，助她走出恋爱"亚健康" ················ 11

工作案例：标杆学生的毕业困扰 ······································· 16

辅导员说：星星之火，可以燎原——凝聚师生力量 ············· 22

工作案例："互联网+党员教育"高校党建工作全媒体时代的
品牌建设 ·· 31

辅导员说：大学生战"疫"，从我做起 ······························ 35

辅导员家访，听取家长心声，让教育"活"起来 ················ 39

遇见｜致大一，145 天的大学生 ·· 42

辅导员说：在新墨西哥大学感悟教育的"14 小时时差" ········ 45

工作案例：校园突发安全稳定事件的处理和思考 ················ 47

工作案例：高校劳动教育融合就业创业教育的实践路径 ······ 50

第二章 雏鹰展翅志高远不负时光 ·· 57

她说：不经一番寒彻骨，怎得梅花扑鼻香 ························· 59

她说：热爱可抵岁月漫长 ··· 62

她说：器识为先，文艺其从，立德立言，无问西东 ············· 65

1

她说：知识无止境，学习更无止境 …… 68
他说：执着追梦、勇攀高峰 …… 71
他说：勇敢追梦 …… 74
他说："言必行，行必果" …… 77
她说：工欲善其事，必先利其器 …… 80
他说：轰轰烈烈，策"码"奔腾 …… 83
他说：与北理的故事 …… 86
他说：实力和自信才是我进步的源动力 …… 89
她说：兴趣是最好的老师 …… 92
他说：勤奋的人总会有回报 …… 96
他说：大学的梦想与实现 …… 99
他说：以梦为马，不负韶华 …… 102
她是谁？她是校五四优秀团支部团支书 …… 106
工作案例：助力珠海生态文明建设环保活动系列之
　　　　　"圆明新园保洁" …… 109
工作案例："小老师"义务课堂——公益+专业，你我共获益 …… 114

第三章　雏鹰展翅志高远不负时代　123

他说：不负青春，向优秀看齐 …… 125
她说：有心人天不负，百万秦关终属楚 …… 128
他是我们的"睿姐" …… 131
他说：我在"象牙塔"中的时光 …… 135
他说：机会都是留给有准备的人 …… 138
他说：以光之名，穿越繁星 …… 141
他说：突破，只有第零次和第无数次 …… 146
他说：尝试即是突破 …… 149
他说：我的大学成长史 …… 152
他说：勤能补拙，笨鸟先飞 …… 155
他说：与时间赛跑要不断前行 …… 160

他说：行远自迩，笃行不怠 ·· 164

　　他说：以梦为马，驰骋天涯 ·· 168

　　她说：自强为天下健，志刚为大君之道 ························ 171

　　工作案例：义务维修 ·· 178

第四章　雏鹰展翅志高远面向未来 185

　　他说：一直在努力 ·· 187

　　她说：做一个进取乐观新时代青年 ································ 190

　　他说：吹灭读书灯 一身都是月 ···································· 193

　　她说：不负韶光，青春在奋进中绽放 ·························· 196

　　他说：选择远方，便风雨兼程 ······································ 200

　　他说：不断尝试，敢于逐梦 ·· 203

　　她说：竹杖芒鞋轻胜马，谁怕？ ···································· 208

　　他说：人生不设限　未来犹可期 ···································· 212

　　他说：这就是我，北理工中不一样的烟火 ···················· 217

　　她们说：软件测试攻城狮是如何"练"成的 ···················· 221

　　他们说："解码"攻城狮 ·· 223

　　经验Ⅰ职场：赞那些日子，或许平淡无味，或许波澜壮阔 ··· 225

　　辅导员说：我是一名辅导员，坚守初心，践行育人使命 ··· 228

后记 ··· 232

第一章
雏鹰展翅志高远不负青春

辅导员说：聊一聊，"四力"班助是怎样炼成的？

"从他们的专属表情包的多少，能看出学生对一名班助（学生班主任助理简称）的喜爱程度"，这是传统"师生"互动交流方式之外的新网络方式，学生喜欢一名学生班主任助理，就会出现这名学生班主任助理的各式各样的表情包：加油类、查课类、娱乐类……

"能够成为一名班助，这是我截至目前最骄傲的事情，忙碌的日子让我充实，能够和新生们一起成长，更能够体会到辅导员们的辛苦和用心！"学生班主任助理总结中那一张张定格的照片，记录着他们与班集体共同成长的点点滴滴。

雏鹰展翅志高远

用奋斗青春书写大学时光

学期工作概述

我们一起聊聊"班助"那些事儿。我们知道，部分学院选拔品学兼优、综合素质强的高年级学生担任新生班主任助理，不仅承担新生班集体建设，更要做新生大学生涯的引路人、学业上的带头人、生活中的贴心人，成为学生工作的得力助手和帮手。同时，学校和学院积极搭建工作平台，充分发挥学生班主任助理在入学教育、班级建设、校园文化活动中的模范带头和组织协调作用，引领新生迅速适应大学生活，充分发挥朋辈教育在大学生成长成才中的作用，发挥学生班主任助理的"四力"，带"零挂科、零违纪"班集体。

学期工作概述

主题班会
每周晚修总结、万圣节主题班会、男生节主题班会、生日会主题班会、导师见面会

宿舍访问&查课次数
宿舍访问开学一次、定期了解宿舍情况、查课次数每周至少1次

团建活动
班级轰趴活动、冬至团建活动、不定期班级吃饭聚餐

班级集体活动
班级篮球赛、班级合唱比赛、班级辩论赛、班级运动会、班级感恩节活动、心理剧比赛

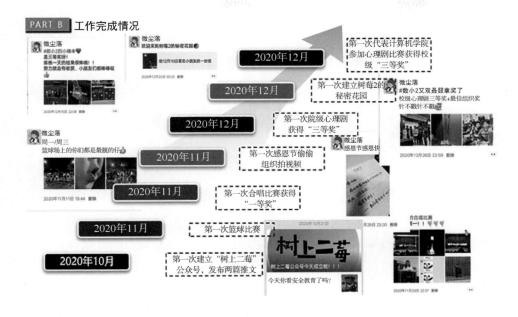

聊一聊,"四力"班助是怎样炼成的?

学生班主任助理练就脑力。脑力包含对学生的引领能力、对班级的管理能力、对问题的解决能力。在学生班主任助理选拔的过程中,一定会设置这个问题:"如果你成为一名学生班主任助理,你会如何开展工作?"如何去回答,就在于学生班主任助理对于班主任工作的认知和自我定位。"纸上得来终觉浅,绝知此事要躬行",在日常的学习工作中,学生班主任助理以自身所在班集体为平台,不断探索实践,要着重练习提升自己的"脑力"。

学生班主任助理练就脚力。脚力也是指一个人的行动力。《习近平与大学生朋友们》一书中,"习总书记与我们一起过'主题团日'中谈到对焦裕禄精神的新认识,总书记把焦裕禄精神归纳为:亲民爱民,艰苦奋斗,科学求实,迎难而上,无私奉献。焦裕禄在上任之初就拒绝只坐在办公室里听汇报,而是选择亲自调研考察。"学生班主任助理的工作需要将理论和实践相结合,"学以致用、知行合一",每周查课、每周宿舍走访、每周晚自习开展、周总结、月模拟考试等不间断,进宿舍、进课堂、进活动,练就脚力。

雏鹰展翅志高远 | 用奋斗青春书写大学时光

学生班主任助理练就眼力。眼力是指观察力。从拿到新生入学的第一份班级名单开始，了解学生的个人信息，掌握每个学生的特点；从新生入学第一次班会开始，留意观察每一位新生的表现，记录有无性格内向、思想偏激等情况的学生；从新生的心理普查结果反馈，进一步关注学生的情况，采取有效的行动去促进学生更好地成长。平日多留心，走进学生心，班级有爱心。

学生班主任助理练就笔力。学生的引导、班级的管理、问题的处理、事务的办理，离不开通知的编辑和文字的交流。生硬的文字表达，逐渐会让学生忽视和忽略，有温度的文字，能吸引学生进一步互动。同样，抓住重要节点，用有温度的文字，或是提醒，或是关怀，或是祝贺，或者警醒，给班级管理穿上一件"心"衣。

学生班主任助理练就"四力"，从而达到：用心灵触碰心灵，让新生树理想。学生班主任助理对班级学生情况熟记于心，通过主题班会、宿舍走访、一对一交流、班级团建等方式，关注学生身心健康，通过朋辈引导，促进新生树理想。用青春点亮青春，管理班级抓学习。重视班级学风建设，每周查课、宿舍走访、晚自习开展、模拟考试、周总结等不间断，同时借用专业优势，通过大数据展示分析班级学生的学习情况，进而针对掉队的学生通过一对一等方式帮扶，形成零挂科班集体。用梦想照亮梦想，带领班级重实践。与学生共同成长，带领班级学生积极参加学校和学院的第二课堂活动，例如新生班级篮球赛、合唱比赛、辩论赛、学院班级运动会、心理剧等，赛出精彩，赛出友谊。

个人参赛情况

其他：

陈元戈：C语言新生杯（一等奖）、蓝桥杯校内预选赛

王鑫：C语言新生杯（三等奖）

杨帆：C语言新生杯（三等奖）

黄亿轩：C语言新生杯（优胜奖）、蓝桥杯校内预选赛

杨馨瑜：C语言新生杯、蓝桥杯校内预选赛

黄钰佳、李经龙、谢天宇：C语言新生杯

张润泽：C语言新生杯（一等奖）、第45届ICPC国际大学生程序设计竞赛亚洲区域赛（南京）（全国总决赛个人三等奖）、第五届"中国高校计算机大赛-团体程序设计天梯赛"（全国总决赛团队铜奖）、2020年第二届全国高校计算机能力挑战赛（广东省团队二等奖）、2020-2021年度第二届全国大学生算法设计与编程挑战赛（秋季赛）（区域赛二等奖）等。

同学感想
From Students

大学的班级与高中和初中的班级有不同，同学之间相处的时间并不多，但仍是我校园重要的组成部分，并不妨碍我们是一个团体，一个团结，充满凝聚力，上进的班级，仍旧起着推进友谊，促进学习的作用。7班yyds!

活泼友善很好；非常团结的一个集体；团结，友爱，感觉不错；一个温暖的集体；感觉很有凝聚力；满意；很好；针不戳；爽；融洽和谐；ヽ(✿ﾟ▽ﾟ)ノ；氛围良好；都挺好；

Nice；Good；Unbelievable；感谢！

觉得班级氛围十分温馨，同学们十分亲切好相处。虽然只能相处一年时间，但我希望和他们的友谊能够一直持续下去，也希望我们都能好好学习，天天向上；

希望大二分流以后还能在一起；

对于班级是一种充满爱的感觉，大家互帮互助，感觉十分温暖，同时每个人也在自己的岗位上尽职尽责；

真不错！很幸运能在7班这个融洽和谐的班级；在这个班级感觉就像是在一个大家庭，充满了爱，在这里能感受到很多温暖的瞬间。

2021级的"准"学生班主任助理，你准备好了吗？

辅导员说："空中课堂"学风建设话你知

高校教师、学生面对到来的线上教学，经过多重试验和磨合，从刚开始的抗拒、畏难情绪，初步接触了解，到主动寻找摸索合适的平台、教学资源，设计互动模式，再到在家教学、上课的空间布置，最终迎来了线上教学的重要时期。学风建设是高校学生工作的重要部分，辅导员如何开展基于线上教学的学风建设？笔者从以下六点开展工作。

知一：学风建设要融入思想教育工作。

辅导员要掌握网络思想政治教育阵地的主动权。结合网络思想政治教育的新特点，不断提高自身专业理论知识学习和网络平台使用能力，顺利将线下的思想政治教育工作搬到线上进行。在线上教学的学风建设工作中，融入思想政治教育，让学生明白当前的线上教学是基于防控新冠肺炎疫情的工作要求，使学生能够将外在的要求转化为内在的认知，主动进行线上课程学习，能够将个人的专业学习融入祖国的发展需要当中。

知二：学风建设要对学生分类管理。

"抓两头带中间"是辅导员工作常用的方法，对于线上教学情况下的学生管理同样适用。一是以点带面，发挥学生党员、骨干的力量。在线上教学开始之前，动员这部分学生一方面传达各项政策、方案、要求；另一方面从学生的角度出发，树立线上教学学生榜样，通过朋友圈、班群等渠道进行工作展示，起到良好的引导作用。二是重点关注。辅导员对于自己所负责的年级学生情况了如指掌，针对自己年级的重点人群，要通过电话交流、家校齐抓等方式开展工作。

知三：学风建设要用好"空中班会"。

主题班会是辅导员开展学生思想政治教育工作的重要阵地和教育手段。"开学不返校，不停课不停学"，通过高质量的"空中班会"的开展，进一步提高学生在现阶段参与线上教学的思想认知，增强"政治意识、大局意识、核心意识、看齐意识"，促进学风建设。同时，以"线上学习，我该怎么做""自律、责任、梦想"等为主题的班会，能够引导学生在疫情防控期间开展对内的反思和行动。借助线上主题班会，发挥朋辈教育作用，树立模范典型，分享好的经验，例如如何调节自己的作息、如何合理安排实践、线上学习操作技巧等。

知四：学风建设要形成"辅+导"合力。

"辅导员+导学老师"双剑合璧，形成学风建设组合拳。学生线上上课数据实时共享，明确分工，形成有效合力。学生在课堂上的表现情况，专业导学老师有第一手的数据资料，通过线上教学平台的签到功能，学生作业提交情况、学生课堂互动情况，一目了然。一方面，辅导员在开展学风建设过程中，联合专业导学老师，获得学生的第一手学习状态资料，特别是对于已有学业警示、家庭经济困难、重点疫区、复学回校等学生的线上学习情况，可以制定有针对性、适用的学生教育帮扶方案；另一方面，辅导员在开展日常学生工作时，与学生骨干、分管学生交流多，更容易收集到学生关于线上教学的效果、意见反馈，进而将学生的意见和建议及时反馈给专业导学老师，专业导学老师根据意见反馈进行线上教学的调整，从而形成教风建设与学风建设相互促进的合力。

知五：学风建设要有制度保障体系。

在学风建设中，建立制度保障体系，充分发挥学生干部的作用。一是发挥班级学习委员的作用，设置线上班级签到制度，对于线上课堂进行签到记录，每周定期汇总通报班级学生上课情况；二是发挥年级辅导员助理的作用，每周定期收集本年级各班级的考勤情况，进行汇总整理、重点人群提取反馈；三是发挥新媒体平台作用，对于年级考勤情况中的旷课情况进行周公示；四是发挥辅导员谈心谈话的技能，与重点学生谈心谈话，"晓之以理，动之以情"。

知六：特殊时期学风建设要用新媒体营造氛围。

新媒体时代，辅导员依托新媒体平台，做好线上思想政治教育工作，营造良好学风氛围，通过喜闻乐见的方式，传递良好学风的要求。如：通过学院公众号、微信朋友圈、抖音等制作相关学风引领推文、作品、视频，营造良好学风氛围；通过新媒体平台分享教师线上教学的心得体会，分享学生线上学习的心得感悟；通过网络问卷收集线上教学出现的问题以及解决问题的办法，促进教与学的"无缝"对接；通过新媒体平台宣传线上教学期间出现的典型案例，发挥朋辈互助教育在学风建设中的积极作用。

工作案例：关爱、增援，助她走出恋爱"亚健康"

（人际关系危机——恋爱、宿舍矛盾、师生矛盾）

一、案例简介

晓红（化名），女，北理工珠海学院某年级学生，在校期间学习成绩优异，独生子女，家庭条件优越，因恋爱问题感到非常痛苦。大学期间，第一任男朋友 A，同班同学，相恋一年，发现 A 脚踏两只船，随后分手。第二任男朋友 B，同班同学，相恋一年多，因第三者插足导致 B 移情别恋，与晓红分手，而第三者是晓红的好友 C，这对她是一个沉重的打击，如晴天霹雳。多日来，她情绪抑郁，心烦意乱，无心学业，对大学生活的所有期待与憧憬化为乌有，对爱情和友情充满了怀疑。失恋的痛苦，好友的背叛，就像恶魔一样，无情地折磨着她，渐渐地，晓红对男性有了抵触，对 C 产生了怨恨，特别是看到 B 与 C 甜蜜地在一起时，实在让她接受不了。

二、案例分析

（一）解决方案的理论依据

晓红属于"90 后"，家里的独生女，家庭生活环境优越，从小享有父母等所有长辈的关爱，"衣来伸手，饭来张口"，没有经受过风吹雨打，只需把学习学好，其他事情都由家长替她搞定。她如温室里的花朵，承受不了苦难和挫折，而一旦遇到挫折，就感到自己的世界像天塌了一样，一片灰暗。

大学生仍处在青春期，虽然他们的生理已经成熟，但他们的心理成熟度远远滞后于生理，还没有完全"断奶"，在很多问题和事情的处理上，表现出众多"幼稚"的行为，例如，有时他们固执任性或盲目效仿，失恋后表现的症状是悲伤、失落和抑郁。当他们遇到问题时，需要有人对他们进行正确积极的引导，帮助他们解决烦恼，减轻痛苦；否则，如果这些烦恼和痛苦长期积聚，无法得到解决，必将影响到他们的学业，最终影响他们的身心健康。

（二）案例的解决方法

1. 分析原因，对症下药

辅导员不仅要有足够的耐心，而且要懂得针对不同问题采用不同的解决方法。时如山，能够遮风挡雨；时如水，能够润物细无声。只有这样，才能更好、更快地寻找到解决问题的切入点，以免做大量无用功。

2. 多方联动，合理宣泄

要通过讲座、学习、交流会等形式，培养学生高尚的情操和理想，使学生树立正确的恋爱观。让他们认识到爱情虽然重要，但不是生活全部，即使失恋，也要正确和主动认识问题，通过恰当的渠道和方式进行合理宣泄，让自己尽早摆脱失恋的痛苦，防止心理和行为失常；失恋后如果把自己的苦衷、烦恼和怨恨过分压抑，就容易使自己更加苦闷、孤独和惆怅。应当学会向亲朋好友诉说自己心中的这些压抑，一方面能够将内心的痛苦排解掉，得到他们的理解、同情、安慰和鼓励；另一方面也能从他们的角度进行客观的分析，获得中肯的建议。这有利于失恋者冷静地对待失恋，达到心理的平衡。当然，宣泄也需要适度，不能过度。倘若无休止地宣泄，如小说《祝福》中的祥林嫂那样，反而会使自己沉溺于消极的情绪之中，不但不能减轻痛苦，反而会使自己神智失常。

3. 转移环境，转移感情

失恋是痛苦的，在人们心中的印记常常具有触发性，因此失恋后可以立即换个环境，暂时与会触动自己恋爱痛苦回忆的情景、物品和人隔离，并让自己主动置身于新的、欢乐的、开阔的人际交往与自然环境中，或将自己的注意力集中在自己感兴趣的事物中，这样能够慢慢减轻自身的痛苦。在案例中，通过转移环境，及时让晓红从失恋的那个环境中脱离，到一个新的环境中去。

4. 社会增援，形成合力

要减轻失恋者的痛苦，让其心智恢复正常。除了失恋者自己要努力，还需发挥朋友、家庭、学校和社会多方面的作用，帮助失恋者减轻痛苦。在失恋初期，亲朋好友可以多陪伴失恋者，多倾听其诉说，多与其谈心，对其进行情感上的疏导和心理上的抚慰；同时，及时联系学校心理咨询中心，为失恋者提供心理咨询，向他们提供专业的帮助，减轻其心理痛苦。在案例中，通过发挥晓红的朋友、家人以及学校咨询老师的作用，让她能够倾诉内心的痛苦，主动积极地走出恋爱"亚健康"。

（三）案例处理的效果

辅导员在得知晓红的情况后，首先，第一时间找到晓红宿舍的其他成员，了解事情的具体情况以及晓红在学习、生活、情绪等方面的表现，并希望她们：一是让晓红感受到宿舍的温暖——"关爱、友爱"，主动与她交流、聊天，平时留心关注她，有异常情况及时联系老师；二是多邀请她参加一些活动，不要让她独自闷在宿舍。其次，安排本年级学生班主任助理在串宿舍时，留意晓红的情况，并且装作像平时无意聊天一样，与她交流，慢慢引导。再次，及时联系晓红家长，告知晓红在学校的情况，一方面从家长方面了解她的情况，另一方面希望和家长一起开导她，帮助她尽快走出失恋的阴影。最后，通过创造机会，不经意地与晓红进行交流，获得她的信任后，慢慢引导她。此外，还联系学校心理咨询老师，以随机抽查访谈的名义，联系晓红参加访谈。通过访谈，学校心理咨询老师初步判定：因失恋的打击，晓红有抑郁症、焦虑症、精神病的症状，建议她暂时离开目前的环境。通过与晓红的家长联系，以家里为她联系了外出实习单位为由，在征得晓红的同意后，家长将她带回家，通过在家休养和外出实习的方式进行调整。通过多方面的开导、关怀和努力，晓红开始振作精神，增强了生活信心，在实习单位表现不错。返校后，虽然这段时间的课程落下不少，但是通过自己的努力，通过考试，顺利毕业。

三、案例启示与反思

1. 走近学生

学生不仅是辅导员工作、教育、服务的对象，也是辅导员的最好伙伴之一，因此，辅导员应该努力成为学生当中最信得过、最贴心的知心人。但是，走近学生的同时也要脱离"保姆"的头衔。任何事情不能大包大揽，要懂得制造机会让学生得到锻炼，更侧重这个"导"字，在学生的学习、工作和生活中教导、引导、辅导他们，与学生一起建立起独立自主、人格坚强的优秀品质。

2. 注重方式

在工作中，辅导员必须跟学生建立一种相互信任的关系，只有信任，学生才会接受辅导员的帮助，才会采纳辅导员的观点。那么，如何建立这种信任关系呢？在这个过程中，不仅需要辅导员用认真、负责的态度去获取信任，而且需要辅导员用智慧和经验去因材施教，善于发现学生的闪光点，依据不同问题和不同学生的性格，采用不同的教育方式。

3. 培养骨干

学生干部是辅导员工作中的得力助手，任何一名辅导员在工作中都不可能单打独斗，解决问题不能只依靠自己的力量。要更好地做好工作，就要充分发挥学生干部的作用，一起努力，不仅让学生得到锻炼，而且增强师生的联系。如何发挥学生干部的作用？不能只是选了干部，把工作分配下去就行了；需要建立一套完整和详尽的学生干部培养制度，包括学校相关制度学习、工作方式的交流等，带动学生干部一起开展工作，交流经验，工作之后总结和反思，与他们共同成长；建立健全学生干部体系，包括党务工作干部、团务工作干部、年级委员会等。

4. 工作在平时

"成功青睐有准备的人"，同样，如何更好、更及时地解决问题，也需要将工作做在平时，做在细处。如在这个案例中，如何能够尽快获得学生的信任，让学生能够将自己的问题告诉辅导员，就需要辅导员平时多了解他们，与他们多交流，常相处。

5. 拓宽渠道

当代信息技术日新月异，不同届的学生采用交流和活动的方式也不同。如何更好地开展教育？如何贴近学生，与他们打成一片？这就需要辅导员能够跟上时代的步伐，充分利用新的科技手段，采用电话、邮件、QQ、微信、面对面、班会等多种方式，对学生进行思想教育和引导，让学生认识到虽然远离家乡、远离父母，然而自己已经融入大学这个大家庭，自己已经成年，将会结交新的伙伴，要做好开始新征程的准备。

6. 加强自身学习

"要给别人一杯水，自己要有一桶水"，在工作的同时，仍需要加强自身知识的储备。工作中需要进一步深入的思考，长期学习相关理论知识。对学生工作的学习和思考，对教育管理学生所需的更好的方法，都需要辅导员不断地学习。

四、结语

做辅导员将近9年，在这个过程中，不仅是教育引导学生成长，同时也是教学相长。9年中接触了很多案例（也许用故事更能够形容），通过这些案例的总结、反思，认为辅导员这份工作，需要的不仅是一定的理论基础、不仅是课本上的固有知识，更多的是辅导员在实践中自觉献身、勇挑重担，并不断总结反思、改进工作，用自己全部的精力诠释对这份事业的热爱！

专家点评：

该案例对当今大学生因恋爱而出现的心理、行为偏差进行了全面分析。案例通过原因分析、多方联动、具体举措，发挥个人、家庭、学校、社会多个角色的作用，通过多方面帮扶引导，最后达到学生学习和生活状态明显转变，并逐步成长成才的效果，对高校学生工作来说意义明显，具有较好的参考价值。（周子善，北京理工大学珠海学院，副教授，主要研究高校思想政治教育）

工作案例：标杆学生的毕业困扰

（学业危机）

一、案例介绍

小力，男，北京理工大学珠海学院某专业大四学生，在校期间，学习成绩优异，多次获得优秀学生奖学金，并获得光大奖学金。同时辅修会计专业双学位，顺利取得会计专业学位。小力担任学习委员、低年级班主任助理，做事认真负责，并与专业对口的大型企业签约。近期，辅导员接到小力毕业设计指导老师的电话，反馈小力没有按照时间节点提交相关资料，并且不接老师电话、不回信息。接到反馈后，辅导员迅速通过毕业设计指导老师进一步深入了解到年前毕业设计的任务和要求，年后开学查看小力的进度。小力一直没有露面，只是在QQ上告诉老师自己的速度慢一些，会在后面跟上。一直到了距离答辩还有不到一个月的时间，小力仍然没有把作品交给老师查看，并且不接老师电话、不回信息。小力因毕业设计遇到技术问题，通过自己多次尝试无法解决，向同学求助受挫而产生逃避心理。

二、案例分析

（一）解决方案的理论依据

1. 内在自我与外在期待的冲突

这是高校一些"好学生"会遇到的情况，他们很多时候表现优异，成绩突出，解决问题能力强。但是，能力强不代表不会遇到问题，当他们遇到问题而自身又无法解决时，会出现内在自我与外在期待的冲突，如果他们对于失利的情况估计不足，就会遭遇打击，可能一蹶不振。案例中，小力在校期间成绩优异、工作突出，在周围同学眼中，这么优秀的学生肯定能自己解决问题；同时小力对于自身不能解决在平时成绩不如自己的同学眼中都很"简单"的问题，内心是难以接受的。所以高校辅导员需要对于这一类学生做提前的预警工作，让他们看到生涯中存在不确定的一面。

2. 充满了自责和困惑

案例中，小力解决问题的思路是：遇到问题，首先自己想办法解决，解决不了向周围人求助。在向周围人求助的过程中，小力听到了一些声音："你成绩那么好，还有解决不了的问题？""这个问题很简单，就是……"因为这些声音，小力对内在自我产生了自责和困惑。小力自责的是，自己不应该这么简单的问题都解决不了；困惑的是，为什么自己理论学习、考试都没有问题，而将理论应用于实际时却出现了问题，该怎么解决？

3. 存在不合理信念

不合理信念是指个体意识到和没意识到的不切实际的想法，这些想法对行为有长期一致的影响。案例中影响小力的不合理信念是"成绩好的学生不应该在遇到问题时自己解决不了"，这个信念让小力觉得让别人帮助自己是一件很丢人的事情，导致自身在遇到不能解决的问题不愿意去问同学和老师，问题长时间得不到解决，造成心理问题进一步加剧。

4. 认识区分学习能力和动手能力

学生在自我探索阶段，对能力这一要素的认识不全面，学习能力与运用理论解决实际问题的能力是需要学生同时兼顾和有意识培养的。大部分学生拥有很好的学习能力，但是缺少将理论知识运用到实践的机会和能力，很多学生也将以上两种能力混为一谈。

5. "90后"学生特点,抗压能力弱

"90后"学生大都没有经受过什么挫折,父母、亲友都已经提前为他们规避了成长路上可能遇到的障碍,他们就如温室里的花朵,经不起任何风浪。通过与小力父母的交流得知,小力在过去的生活学习中,一直是顺顺利利的,一直是人们口中"别人家的孩子",家里人对小力都很放心。案例中,小力遇到问题,多次尝试自己解决,然而未得到解决;尝试借助外界帮助,不能接受外界对自己的评价;问题持续解决不了,毕业设计时间紧迫,老师催促,自己的承诺未得到实现。这一系列问题产生的负面情绪、造成的压力,导致小力选择逃避问题、产生抵触情绪。

(二)案例的解决方法

1. 及时关注

遇到问题反馈,第一时间与反馈人深入了解情况,查阅学生的档案记录材料,了解学生的详细情况,同时与学生的同学、家长建立联系,全面了解学生的近期表现,依据掌握的情况,分析可能的原因,做好前期准备工作,做好应对措施。这样才能够全面深入地了解学生的状态和信息,寻找切入点与学生建立沟通渠道。

2. 建立信任

案例中问题的提出,并不是学生小力主动联系辅导员、寻求帮助,而是通过其指导老师的反馈发现问题,由此可以看出一方面小力自身还没有意识到问题的严重性,没有想要主动借助外力解决问题,另一方面处理这个问题的前提需要和小力建立良好的信任关系。当然,建立信任关系需要前期的铺垫,需要在平时和学生的接触交流中建立良好的关系和印象,这对辅导员在处理工作中的突发事情时能够最短时间获得相关学生的信任、获取信息和处理事情都是非常有利的。并且,通过多次沟通交流、谈心谈话,找到问题的切入点,让学生感受到辅导员和他是站在同一战线上的,是来帮助他一起解决面临的难题的。

3. 关注倾听

关注学生本身,使用倾听技巧。倾听是在接纳学生的基础上,积极地听、认真地听、关注地听,并在倾听时适度参与。倾听是个体心理咨询技术之参与性技术之一。个体心理咨询技术包括参与性技术与影响性技术。参与性技术包括倾听、开放式询问与封闭式询问、鼓励技术、重复技术、内容反应、情感反应、具体化和参与性概述、非言语行为的理解与把握。作为辅导员，需要适度掌握倾听技巧，在与学生谈心谈话中，适时地运用该技巧。合适的技巧，能够帮助辅导员撬动学生的内心，更好地帮助学生解决问题。

4. 注重引导

案例中辅导员通过举例、反馈等方式，与小力的不合理信念进行辩驳，引导小力进行深入思考和反思，让小力认识到任何人都会遇到问题，当遇到问题、现实与期待不匹配时，需要去调整自身，以便更好地接纳现实。辅导员要意识到学生有解决问题的能力，辅导员所扮演的角色就是积极倾听者，用专业的问题和思路去引导学生进一步拓展思考和探索。

5. 环节把控

推动事件进一步发展，推动学生自主思考和面对问题，需要给予学生一定的解决问题的空间，同时把控环节。案例中，通过目标导向让小力认识到问题的重要性和紧迫性，当小力主动开始尝试去寻求同学的帮助来解决问题时，没有要求小力立刻联系自己的毕业设计指导老师，而是给予了小力解决问题的空间和时间，由他自己定一个期限，与老师联系，并且反馈自身的情况，这样能够让小力逐步建立信心。

6. 及时反馈

建立及时反馈机制，让学生对问题的处理情况进行定期或不定期反馈。同时与学生的家长、导师、同学建立联系，进行沟通，多方面了解学生的情况，并且将学生的近期表现与家长、导师进行交流。对于案例中的小力，寻找他信任的学生干部，在宿舍串门时，装作无意聊一聊毕业设计等问题，借机与小力探讨毕业设计等相关问题。

7. 重拾信心

推动学生主动地一步一步解决问题，在此过程中可以采用回顾成功事件等方式，让学生在梳理过去成功事件的过程中，看到自己的长处和短处，思想上有了主动意识，通过在现实中一点一滴的收获，重拾信心。同时让学生学会直面自身的不足，如何将理论知识运用到实践中，是需要他自己在以后的工作学习中进一步加强的。

8. 回归核心

大学是学生生涯发展的关键阶段，辅导员可以通过具体案例分析问题，深入了解大学生群体在生涯发展阶段中存在的主要问题。辅导员在日常开展思想教育工作时，需要借助专业的知识、成熟的理论，通过主题班会、实践教育活动、体验式教育、朋辈引导分享等方式，加强教育引导，不断提高学生的思想水平、生涯意识。

（三）案例处理的效果

通过多次谈心谈话，联动毕业设计指导老师、同学、家长共同帮助小力，小力从逃避问题，到尝试解决，再到重拾信心，最终完成毕业设计、顺利毕业，同时荣获校优秀毕业生称号。在公司内，小力也顺利度过实习期。

三、案例启示与反思

1. 作为辅导员，要具有客观的立场，所以在沟通过程中需要不断地抽身，陪伴而不深度卷入，这是一种需要不断练习的基本功

要以学生为中心，不能操之过急，强制地引导学生跟着思路走；要"不只有诗和远方，还要有眼前的苟且"，就理想和现实而言，既要让学生坚持理想，又要让其能脚踏实地认清现实，处理好两者是此次问题解决的关键。

2. 学生的自信心往往非常脆弱，可能一次失败，就会强烈地打击到他们的自信心

自信的建立，需要许多现实的历练，更需要清晰的自我认知。因此帮助学生发现和探索自己是非常重要的生涯启蒙内容。在解决问题的过程中，辅导员的鼓励、对于自身成功事件的探索都会促使学生对自身进行思考。在案例中，对于成功事件的回顾就是让小力重拾自信的转折点。

3. 回归辅导员工作核心，做好思想教育引领

辅导员在处理具体案例的同时需要深入分析问题的原因，从点到面地开展工作，从个案中看到普遍问题，回顾辅导员工作的核心，做好思想教育引领、价值引领，搭建工作平台，运用好工作中的方式方法，通过主题班会、朋辈讲堂、实践活动、素质拓展、小组讨论、辩论互动等方式，从单一的灌输式的思

想理论内容的宣讲方式，转变为"以学生为主题"的喜闻乐见、积极参与的教育方式，将思想教育工作渗透到日常的学生工作中，做到润物细无声。对于工作中的常见问题，做到提前预防，营造良好的集体氛围，提高学生的思想理论水平、文化素养、专业能力。

4. 辅导员自身专业化、专家化的要求

学生工作不仅仅是日常的事务性工作，辅导员不能只作为学生的"保姆"，学生工作队伍需要专业化、专家化。从一个个案例中找到问题的规律，挖掘问题的本质，结合自身的兴趣和专业，不断学习、研究，让自己具有专业、专家的能力。例如在案例中，涉及学生的生涯问题、职业目标问题，需要借助职业生涯规划的相关理论和工作进行引导和探索，这就需要辅导员自身理论知识和实践能力过关。

专家点评：

该案例从解决问题的理论依据分析问题，有理有据，解决问题的措施清晰明确，全面地展示了一名标杆学生因心理落差而产生的行为偏差，经过多方面帮扶引导，最后生活状态明显转变，逐步成长成才的过程，对高校学生工作来说具有一定意义。同时，该案例突出个案问题，通过多次谈心谈话，联动导师、同学、家长共同帮助该生，该生从逃避问题，到尝试解决，再到重拾信心，最终完成毕业设计、顺利毕业，同时荣获校优秀毕业生称号，具有较好的参考价值。（周子善、北京理工大学珠海学院、副教授、主要研究高校思想政治教育）

辅导员说：星星之火，可以燎原
——凝聚师生力量

校园文化建设一直是每一所学校关注的大事。营造学院和谐氛围，为学生提供展现自我的平台，以坚定不移的思想建设为中心，以丰富多彩的学院文化生活和具体教学活动为两个基本点，在广大师生中树立优秀典型，培育闪光明星，以点带面，星星之火，可以燎原。

教师篇

"大学者，非谓有大楼之谓也，有大师之谓也"，可见教师在学校所担任的角色和承担的"教书育人"重要职责。教师，在努力培育着国家未来的栋梁之材，教师肩负着祖国美好的希望和未来。教师的责任比天大，教师的责任重于泰山。为营造学院和谐的文化氛围，提高学院整体教师的素质，学院给计算机教师提供平台，向优秀的教师代表学习。

青年之星——教师基本功大赛：为促青年教师队伍建设，鼓励广大青年教师和新进教师加强教学基本功的训练，不断提高课堂教学质量，学院开展"青年教师教学基本功大赛"活动。比赛要求计算机学院所有年龄在 35 岁以下的专任青年教师必须参加，35 岁以上教师自愿报名参加。参赛教师讲授的课程及课件以计算机专业课或专业基础课为重点。比赛将考察教师在教学中的教学内容、教学能力、组织方法、教学表达等方面的能力。

青年之星——多媒体课件比赛：为促进青年教师队伍建设，鼓励广大青年教师加强教学基本功训练，不断提高课堂教学质量，同时为选拔优秀青年教师参加校青年教师基本功竞赛以及多媒体课件竞赛，学院决定每年在全院开展"青年教师教学基本功暨多媒体课件竞赛"活动。参赛作品可以是教师在课程教学中使用的各种课件，比如进行课程教学使用的课件、上课营造氛围的背景音、视频、讲解某个概念的动画课件，也可以是供学生课后复习、扩展知识面的网站。

运动之星——羽毛球比赛、乒乓球比赛：通过赛事不仅让学院教职工深入学习实践科学发展观精神，同时也提高了教师的体育热情，丰富课余生活，增强体魄，加强教师之间的互动交流，为教师提供一个可以发挥特长、增进友谊的平台。

平凡之星——优秀教师评选：纪律教育学习月活动以科学发展观为重要指导思想，以提高教师党员的教学能力和师德师能、提高学生党员的自学能力、提升学生党员的综合素质为目的，以"认真学习党中央相关文件，找问题、找差距"为主题，以创建学习型组织为抓手，采用多种形式开展各项工作，较好地完成了任务，达到提高广大教师党员全面落实科学发展观的自觉性，真正做到在努力学习、提高自身业务水平的同时兼顾自身德育的培养，以学校、学院及其他各高校优秀的教师为榜样，不断提高自身各方面能力和素质。学院纪律教育学习月工作特点是组织工作认真，党员和群众态度真诚，工作成效明显。

文化之星——学院办公环境文化建设：一个个办公室相互联系组成了一个学院，学院的文化建设离不开每个办公室的共同努力，因此学院加强办公室和走廊等办公环境的文化建设。每个办公室经过讨论以一句话形容、引导、指导办公室人员的工作方式和目标，并进行装裱，悬挂在办公室最显眼的地方，会议室墙上悬挂了学院办院历程和取得的成果，走廊上悬挂各年级学生参加各类大赛取得的成果和获奖照片。所有这些让每位师生看到，既能做好灯塔的作用，又为每个人的工作、学习起到引航作用！

雏鹰展翅志高远　用奋斗青春书写大学时光

学生篇

没有了老师，这不是一所学校，同样没有了学生，这也不是一所学校，学生是学校教育的主体和对象。大学生的现实任务就是树立远大理想，认真学习，提高自己的思维能力，寻求途径锻炼自己的能力；"养德、修学、储能、健身"，养德以宽厚而博爱，修学储能以实现厚积薄发，凭实力应对重重挑战，健身以实现自己的抱负，为完成肩负的使命打下坚实的基础。为此，学院提出以"精神成人、专业成才"为学生培养理念，并按照这个"人才观"培养造就新时代的大学生。

计科之星——计科之星风采大赛：以"靓丽青春，展现自我"作为计科之星风采大赛的主题，着重体现学院学子朝气蓬勃的风姿，弘扬中华民族优秀文化，进一步推动先进文化的发展。大赛旨在建设社会主义精神文明，展现北理工"唯才是举"的理念，充分展现历年来的教育成果，培育学生创造机遇、把握机遇的社会综合实践能力，弘扬校园文化特色，打造旗帜鲜明的专业赛事，为北理工培育储备优秀的 IT 人才！

闪亮红星——计科旗帜工程：在不断提高办学水平和教学质量，加强学院内涵发展实力的同时，加强学生的政治思想、理想情操建设，大幅度提高育人水平是学院的工作重点。为此，学院党总支指导学院分团委和学生会联合开展"计科旗帜工程"活动，进一步强化党员和入党积极分子的"旗帜"意识，使党员和入党积极分子在学院建设发展和校园文化建设中起到主力军作用。

五月之星——团日设计大赛：团日设计大赛的主题是"活力青春，洋溢五月"。在昔日革命气息浓厚的五月，豪情壮志的青年挥洒着青春的汗水，心怀着爱国的抱负，为祖国的明天努力、拼搏、奋斗。新时代的青年意气风发，他们拥有活力与斗志，拥有创新与激情，作为共青团员的一分子，誓要为中国的发展而奋斗。因此，学院每学年面向全院新生团支部开展团日活动，让他们对共青团有更深刻的理解，为大学的新生活奠定基础。

家园之星——宿舍评比：高考后的长假结束，来自五湖四海的学生汇聚在一起，在未来的时间里，将共同在北京理工大学珠海学院的天空下翱翔。这片天空给予了学生各种各样的机会和挑战，而与学生最为息息相关的莫过于宿舍生活了。宿舍，不同的几个人在同样的狭小空间里，往往会衍生出不同的宿舍人文环境，这就像是只属于几个人的小宇宙。

规范宿舍文明建设，丰富广大学生的业余生活，提高学生的生活热情，增强各寝室间的凝聚力；培养当代大学生文明、科学、健康的生活方式，提高学生文明程度，使学生养成良好的生活、卫生习惯；培养学生的创造美、保持创造美的能力和习惯，促进良好舍风的形成，增强学生的团结力、凝聚力和创造力；增进宿舍成员之间的友情，激发学生内心深藏的热情，展现学生心中渴望的个性，给学生一个自由发挥的空间，齐心协力，共同动手装饰自己的宿舍，在活动中相互配合，相互沟通，共同营造出独一无二的"家"。

活力之星——学院运动会：2009 年是国务院批准设立的全国"全民健身日"正式实施之年。为继续发扬"全民健身与奥运同行"取得的丰硕成果和宝贵经验，以"全民健身日"活动为主线，推动全民健身活动更加深入广泛开展，进一步深入贯彻落实中央 7 号文件精神，继续推进阳光体育运动，不断提高学院师生身体素质，加强团结，学院每学年上半学期举行北京理工大学珠海学院计算机学院运动会。

活力之星——班级篮球赛：每学年由学生会负责组织此项活动，面向全院班级。通过活动，让学生在强身健体的同时能结识更多新朋友，感受大学生活的多姿多彩；希望学生能在竞争中团结一心，共同面对眼前的困难，学会沉着冷静，临危不乱；促进学院班级之间的交流，增强班级的凝聚力。

科技之星——网页设计大赛：为活跃校园文化，增强学生的科技创新意识和动手能力，激发学生学习兴趣，调动学习热情，展现学生专长，培养团队协作精神，决定每学年举办一次"北京理工大学珠海学院网页设计大赛"。

科技之星——ACM 程序设计大赛：ACM 国际大学生程序设计竞赛（简称 ACM/ICPC）由国际计算机界历史悠久、颇具权威性的组织 ACM（Association for Computer Machinery）主办，是世界上公认规模最大、水平最高的国际大学生程序设计竞赛，参赛对象以大学为单位组队，每支队伍由教练、3 名正式队员组成，其目的是展示大学生分析问题和通过编写计算机程序解决问题的能力，促进软件人才培养水平的提高。

科技之星——IT 创新设计大赛：根据《北京理工大学珠海学院学生学科竞赛管理办法》文件精神，为全面提升学院学生综合素质，引导和帮助学生在掌握理论知识的基础上，提高创新意识、创业精神，激励学生勤奋学习、锐意创新、奋发成才，已经举办两届IT创新设计大赛暨作品展示活动。对于新入校的大一新生来说，可以通过此次活动激发对计算机相关课程的兴趣并快速融入大学专业的生活中；对于大二、大三学生来说，可以通过此次活动进行项目规划，从而为下一步进入项目团队做准备；对于大四的毕业生来说，通过此次活动可以提出自己的创业计划，并做一个详细的规划。通过此次活动将进一步提高学院学生的科技创新意识，锻炼学生的工程实践能力和设计制作能力，以进一步深化学院嵌入式教学改革，完善高素质创新型人才和应用型人才的培养模式建设。

平凡之星——学院学风建设月：也许课堂中的一两句谈笑私语你从不以为然，也不曾为自己一两次迟到或逃课而感到羞愧，更不会把课前复习课后温习养成一种习惯；然而，作为计算机学院的一员，你可曾想到，没有踏实勤奋的学习态度、认真仔细的钻研精神、缜密的逻辑思考、积极的动手能力，怎么可能识别复杂的代码、制作出精美的图画、开发有趣的软件、体会高科技解码的神秘？在大学这个丰富生动和相对自由的生活环境中，不能忘记学习扎实的知识才是我们一生的护照，拥有精湛的理论知识才能为以后的学习实践提供坚强的后盾，从而更好地在人生的大舞台上翩翩起舞。

学风是一个学校的风骨，良好的学风能使学生自强、自尊、自律、自爱。过去的两年中，在学院领导的重视下，学院不断探索学风建设新方法，积极开展各种竞赛活动，培养了优秀的学习团队，形成了良好的学习氛围。为进一步推进学风建设，营造一个积极向上的学习环境，学院将进一步开展以狠抓"取消考试资格"和落实"学业警示制度"，以及严肃课堂纪律为载体的学风建设活动。

就业、创业与考研之星：每年的毕业都是检验学院四年工作的时刻，有些学生收获了这四年来努力耕耘的果实，有些学生的那块大学土地上则杂草丛生。学院在每届优秀的毕业生中，推选出就业之星、创业之星和考研之星，进行宣传报道，为在校的学生树立学习的榜样。

元旦晚会：自计算机学院成立以来，元旦晚会是每年都举办的重大活动，这是在庆祝新年到来的同时，展示学院一年来收获的时刻。可以用蓝、绿、黄、红四种颜色来表示晚会的四个深刻意义。蓝：同一片天空同一个校园。我们都热爱着这一片土地，无论是新生还是师兄师姐，我们对我们共同的家都充满着无限的爱。绿：对春天的向往，对未来的展望。每个人都有自己心中的未来，未来既不可预测，又充满着幻想。黄：回忆过去一年硕果累累与艰辛。新一年的到来不会抹掉过去的回忆，过去一年的艰辛与汗水、成功与喜悦，让我们好好重温一下吧。红：欢乐元旦迎新年。新的一年新气象，让我们以新的面貌迎接即将到来的新年。

共创篇

学院是由教师、学生共同组成的大家庭，大家的共同努力，是创造和谐学院文化氛围的前提。教师集思广益、以德育人，学生尊师重教、懂得感恩，共创学院和谐氛围。

信中有你、传递真情——计算机学院"信中有你"生日贺卡活动：计算机学院团总支学生会每个月举行"信中有你"生日贺卡活动，向这个月份内过生日的学生献上温馨祝福。学生在生日的时候，不仅得到家人、朋友、同学的真挚祝福，还收获了一份来自团总支学生会的精美礼物——一张生日贺卡，饱含温情，寄托了学生会对每一位学生的殷切关怀和美好祝福，更加体现了学生之间的关爱之情。时光飞逝，似水流年，一切都会悄然淡忘，唯独北京理工大学珠海学院计算机学院对学生的一份关怀与爱心永远镌刻在每个学生的心中，飘散在计算机学院每一缕空气中。

教师节活动：9月的季节，桃李芬芳，可敬可佩的老师也在这个灿烂的季节迎来了那个属于他们的欢庆节日——教师节。在这个特殊的日子里，辛勤培育"祖国花朵"整整一年的园丁享受到了一份来自"花朵"的祝福——由计算机学院学生会生活部组织的别具特色的教师节送贺卡活动。学生会成员在9月9日这天手持一叠精致的卡片，怀抱一束束美艳的鲜花，怀着一颗感恩的心，给每一位老师送上一份代表莘莘学子心意的小礼物。当面对面地将鲜花与贺卡送到老师的手中时，学生们的心情多了一份激动与兴奋，更多的是对老师的敬佩之情。作为一名学生，不仅需要在9月10日这个神圣的日子献上他们的祝福，还要时时刻刻铭记园丁的谆谆教导，时时刻刻敬重那一位位将青春奉献给教育事业的师者，最重要的是以一个最辉煌的成绩报答园丁的劳苦。所以，教师节最好的礼物就是学生能努力学习和成长，创造一个美好的未来。

端午情深、粽享快乐：每到一年一度的端午节，计算机学院积极推动送粽子表心意、谢师恩的活动。在浓浓的节日气氛之中，到处溢满浓郁的粽香，老师和学生的欢声笑语，展现出一幅幅淳厚的师生情谊画卷！

"理工学子文明看球"倡议书：激情点燃绿茵赛场，文明丈量学子涵养。"世界杯"正在如火如荼地进行，为全世界球迷朋友献上了一场精彩纷呈的体育盛宴。为及时引导广大球迷同学正确处理观看比赛与准备期末考试的关系，引导广大球迷同学自觉遵守法律法规、校规校纪，真正做到理智看球、文明看球、平心看球，在此向计算机学院全体学生发出"理工学子文明看球"的倡议书。

世界地球日，你我齐参与——记第41个世界地球日活动：4月22日是第41个世界地球日。今年地球日主题为"珍惜地球资源转变发展方式　倡导低碳生活"，旨在借助地球日活动提高公众对国土资源情况的认识，普及有关科学技术知识，引导全社会积极参与节约利用资源、减少碳排放、促进经济发展方式转变的实践。

"心系灾区人民，爱献特殊党费"——致计算机学院全体党员的倡议书：2010年4月14日7时49分，青海省玉树藏族自治州玉树县发生7.1级地震，灾难洗劫，举国震动。截至4月18日上午10时，玉树地震遇难人员已达到1706人，失踪256人，受伤12128人，其中重伤1424人。灾区残垣断壁的惨状令人悲凉，生命呼唤的呐喊令人震撼，劫后余生的哭泣令人感慨，相依相拥的悲情令人感动。地震发生后，党中央、国务院高度重视抗震救灾工作，及时对受灾地区的抗震救灾工作作出了部署。我们虽然不能奔赴抗震救灾第一线，但我们可以通过交"特殊党费"这种方式，为灾区人民再献一份爱心，来表达我们对灾区人民那份真挚的感情。我们向计算机科学技术学院每位共产党员发出倡议：行动起来，怀着对灾区人民的深切关爱之心，本着自愿的原则，以交纳"特殊党费"形式，向灾区人民群众"送温暖、献爱心"，充分发扬"一方有难、八方支援"的精神，以人民利益为重，为灾区同胞克服困难、战胜灾害、重建家园、夺取抗震救灾的全面胜利做出自己应有的贡献！

地球一小时，我们齐参与——计算机学院"地球一小时"活动：活动前一天，计算机学院团总支学生会组织部在二饭堂门口，派发"地球一小时，我们来参与"的倡议书。地球只有一个，地球在变化，气候在变化，我们唯一的家园在变化。"同一个地球，同一片星空；地球一小时，心系我和你"，停电一小时，节约能源，从身边做起，希望计算机学院的倡议书，能够启发更多的同学参与到此次活动中来。

植树节倡议书：环保问题逐渐成为人类迫在眉睫需要解决的问题。生命源于绿色，希望寄予绿色；从我做起，爱护一草一木。在植树节来临之际，亲爱的同学们，让我们贡献自己的一份力量，从我做起：不踩踏草地，爱护一草一木；参加社区、学校的护绿活动，到社区、学校附近的绿化地做保洁工作，看到不文明的行为及时劝阻；把自己的宿舍变成绿色家园；种一棵树苗，让树苗陪伴着你成长。

一束鲜花一份祝福——计算机学院重阳节慰问活动：我们迎来了一年一度的重阳节，在这充满感恩与思乡之情的节日里，为了给传授知识的老师们表达一份小小的心意，感谢他们在节日里依然坚守在自己的岗位上，计算机学院团总支学生会用美丽的鲜花和精美的贺卡将学生对老师的祝福传送到了他们的手中。

我们由衷地希望，所有的领导与老师都能身体健康，工作顺利，生活美满，能够继续在学院的发展蓝图上绽放自己最耀眼的色彩！我们相信，正因为有他们的辛勤付出和学生们的努力，学院一定会发展得更高、更快、更强！

不抛弃、不放弃——关爱身边困难学生：学院是一个温暖的大家庭，是学生的第二个家，学院的领导、老师是这个家的家长，而学生是这个家的成员。老师在尽心尽力培养和教育学生的同时，也要做到"不抛弃、不放弃"，关爱身边有困难、遇到灾难的学生，伸出援助之手。谭仲鹏，女，2005级软件工程2班学生，出生于广西一个贫穷的山区，家庭人口7人（父亲母亲及兄弟姐妹4人，还有一位80多岁的奶奶）。谭仲鹏于2008年11月30日确诊患上肝上皮样血管内皮瘤（一种罕见的以上皮样细胞为特征的血管内皮肿瘤），情况十分严重，由于就诊不及时，病变细胞已经扩散到整个肝脏，肝移植手术成为挽救这条生命的唯一希望。谭仲鹏的手术费用高达20多万元，这对于这个刚好能够维持日常生计的家庭来说是个天文数字。学院了解到这个情况，及时组织开展募捐活动，向全校师生发出倡议，将募捐到的款项及时送到谭仲鹏的家中，使其能尽快动手术。在手术后恢复期间，学校和学院的领导、老师、同学探望谭仲鹏，给其信心，勉励她保持良好的心态，勇敢地面对生活，争取彻底战胜病魔。由于身体条件限制谭仲鹏无法返校进行毕业答辩，为充分体现人文关怀，

雏鹰展翅志高远　用奋斗青春书写大学时光

学院决定对谭仲鹏进行远程视频答辩，经过充足的准备，这场特殊的答辩会成功举行。而一直与病魔勇敢抗争的谭仲鹏，凭借自己的不懈努力，顺利通过毕业设计答辩，为大学四年的生活画下圆满句号。

项目团队：在学院领导的带领下，在各教研室老师的指导下，学院共组建5个项目团队，即嵌入式项目团队、网络项目团队、软件工程项目团队、金山俱乐部、ACM项目团队，为学生能够将理论知识融入实践当中提供平台。项目团队代表学院参加相关比赛，如大学生ACM程序设计大赛、"博创杯"全国大学生嵌入式设计大赛。在学校的支持下，在相关部门的配合下，学院成功举办第四届ACM国际大学生程序设计竞赛珠海区域赛，并取得优异的成绩：有一支参赛队伍荣获金奖，三支队伍荣获银奖，四支队伍荣获铜奖，两支队伍获优胜奖，章远老师荣获金牌教练的称号。在第六届"博创杯"全国大学生嵌入式设计大赛中，学院学生荣获大赛本科组一等奖和三等奖，在第五届"博创杯"中荣获一项"QT"单项一等奖、一项二等奖和一项三等奖，在第四届"博创杯"中荣获两个三等奖。

星星之火，可以燎原。开展学院文化建设的目的就是发现每一位师生的闪光点，他们就像天空中那一闪一闪的星星，由点到面，构成蔚为壮观的景象。凝聚学院师生的力量，营造好学院和谐的文化氛围，为文化育人作出我们新的更大的贡献！

工作案例:"互联网+党员教育"高校党建工作全媒体时代的品牌建设

一、案例名称

"互联网+党员教育"高校党建工作全媒体时代的品牌建设。

二、案例思路

2018年1月,中国互联网络信息中心(CNNIC)在京发布第41次《中国互联网络发展状况统计报告》。截至2017年12月,我国网民规模达7.72亿人,普及率达到55.8%,超过全球平均水平(51.7%)4.1个百分点,超过亚洲平均水平(46.7%)9.1个百分点。在"互联网+"的大背景下,高校基层党组织积极融入互联网、利用大数据,探索"互联网+党员教育"的新模式,通过打造智慧党建平台,实现在线缴费、开展党性教育、解决百姓难题、推动扶贫攻坚等功能,从而既巩固夯实基层党建根基,也有效发挥出党组织和党员的服务、带动作用,激发基层党建工作的新活力。

美国著名的未来学家阿尔温·托勒夫曾说,谁掌握了信息、控制了网络,谁就将拥有了整个世界。如何顺应时势、把握规律，推进高校基层党组织党建工作与信息技术手段的结合，提升高校基层党组织党建工作信息化水平，成为新时期提出的一个全新而重大的课题。这是新时期的要求，也是新时期开展党务工作的必然趋势。

习近平总书记在中共中央政治局第十二次集体学习时指出："我们要因势而谋、应势而动、顺势而为，加快推动媒体融合发展，使主流媒体具有强大传播力、引导力、影响力、公信力，形成网上网下同心圆，使全体人民在理想信念、价值理念、道德观念上紧紧团结在一起，让正能量更强劲主旋律更高昂。"高校作为青年群体思想引领、教育、建设的主阵地，更应该顺应时代潮流，借助新媒体的力量，占领网上网下思想教育的制高点。

基于北京理工大学珠海学院计算机学院党建工作，通过调查、研究、整理，结合现当代新形势，分析高校基层党组织党建工作信息化建设进程中存在的问题，提出设想，总结经验，建立基层党组织在线党团干部学习考试系统、党建微信公众号、党建工作信息化制度，并对党务工作者进行系统培训，切实将信息技术运用到日常的党务工作当中，提升高校基层党组织党建工作信息化建设水平。

三、案例主体

学院党总支、党支部、辅导员、在校大学生。

四、实施方法和过程

（一）案例时空

自 2016 年在北京理工大学珠海学院计算机学院开始实施。

（二）案例内容

1. 高校基层党组织工作信息化网络化的有效途径

一是构建党组织的信息联络系统。

建立支部微信群，借助移动互联网的优势，把支部活动装入移动设备中，能够随时随地开展党员组织活动；建立支部微信公众平台，定期推送时事内容和党的理论知识，并且具有留言功能，能够将对党的理论知识学习填充到人们的日常生活中，对党员进行不间断的教育；基于"问卷星"等网络平台，针对组织生活工作中的重点、难点、热点等问题进行电子问卷调查，征求意见，了解关注基层群众的动态信息，切实维护群众的权益，更好地服务人民群众，并且提出具有针对性的对策和措施，着力解决人民群众所思、所盼、所求的问题；基于信息库强大的数据分析功能，将"建""用"结合，为基层党组织工作建设，如党组织及党员信息查询、发展党员、党员考核等，提供更方便快捷的数据信息服务，提高党建工作日常工作效率。

二是建立基层党组织在线党团干部学习考试系统。

建立基层党组织在线党团干部学习考试系统，优化数据统计，实现党员管理教育动态化。通过无纸化办公，简化日常工作，进行学生党员的发展和培养工作，提高工作效率，将传统党建工作"插上科技翅膀"，以适应信息化社会发展。这也必将提高党建工作的层次与水平，开创出一个富有生机和活力的党建新天地。

将基于 B/S 结构（浏览器/服务器模式）的党团干部在线学习考试系统应用到学院开展的二级党课、团课以及学生干部的日常培训学习工作中，用户通过浏览器可以直接访问使用系统，并进行一系列操作。党团干部在线学习考试系统包含 6 大模块，分别为用户信息管理、学习公告管理、在线考试、试卷信息管理、成绩信息管理、留言板。其中，用户信息管理模块能够进行用户基本信息的修改、登录密码的修改、用户角色的增删等；学习公告管理、留言板模块则能够实现信息的增、删、改、查；而在线考试模块，可以实现用户端通过系统进行答卷；对于试卷的设计、修改、删除，则属于试卷信息管理模块；成绩信息管理模块，实现对学生考试成绩的查询以及具体考试成绩统计等功能。

凭借在线学习考试系统检验学生和党员的理论知识学习情况，结合党课学习、时事热点等定期发布学习内容，组织考核，能够及时检验学生和党员对知识的学习情况。只要用户登录系统后，就能够浏览基层党支部的工作情况，真正实现了党建工作信息化和党务公开。

三是加强党务工作者互联网知识技能学习。

党建工作平台和载体的网络化，要求党务工作者学习相应的互联网基本知识和技能，面向党务工作者展开必要的相关培训学习。

2. 独立学院基层党组织工作信息化网络化建设制度先行是保障

建立健全信息平台运行工作机制，加强党建工作信息化的日常管理，让党建工作信息化网络化建设实现常态化运行，不留空白期，保障党建工作信息化网络化的连续性和长期性；建立党建工作信息监管机制，保障信息的真实性、可靠性、合法性；建立考核评价机制，对各基层组织的信息平台使用情况进行考核评价，并将考核结果纳入基层组织年度党建工作考核内容，作为基层党组织和个人创先争优的重要依据。

3. 独立学院基层党组织工作信息化网络化建设平台搭建是基础

党建工作信息化网络化需要循序渐进地开展，基于整体目标，平台的搭建需要不断完善，稳步地向前推进。

4. 独立学院基层党组织工作信息化网络化建设人员培养是核心

党务工作者的能力素质需要不断提升，基层党组织定期组织开展工作交流会等活动，结合时代背景，加强党建工作信息化网络化建设的理论研究，通过不断的认识到实践，再从实践到再认识、再实践的过程，提升党建工作信息化网络化的科学化水平。

五、思考

全媒体时代，独立学院基层党组织信息化网络化建设是一个长期的、动态的、复杂的、系统的过程，不是一劳永逸的工作，需要我们在工作中不断去探索和实践。

实践要以理论为依据，党的十八大以来，以习近平同志为核心的党中央高度重视传统媒体和新兴媒体的融合发展。

"制度"和"人员"护航，保障系统顺畅运行，防止信息系统处于被动消极状态，形同虚设，达不到应有效果。

通过基层党组织党建工作信息化网络化的实践与探索，"互联网+党员教育"，借助互联网平台，丰富和完善内容，创新内容，让平台鲜活起来，达到潜移默化的教育和引导效果，解决在党员发展中存在的问题，例如入党动机不端正、毕业生党员管理教育等。

辅导员说：大学生战"疫"，从我做起

一场"看不见的战争"在 2020 年开端席卷了全国。为做好疫情防护工作，认真贯彻落实习近平总书记关于新冠肺炎疫情的重要指示和李克强总理的批示精神，落实教育部、教育厅和学校的有关部署，积极配合做好防疫工作，辅导员、班主任负责了解每一位学生的状况，关心关爱在湖北学生的情况，转发官方信息和防疫知识。

辅导员战"疫"工作的开展，少不了学生党员的先锋模范带头作用，少不了学生干部的工作投入，更重要的是少不了对学生的"走心"教育，让学生意识到打好这场疫情防控阻击战，承担着什么样的责任和义务，该如何科学度过这个特殊假期？

一、大学生角色的担当和责任

新时代的大学生是国家的希望，未来的主人。非典时期我还是一名高中生，对于非典时期的印象除了是奋斗在前线的医生父亲，那段时间几乎看不到他的身影，还有半夜被喊起来喝所谓的"预防中药"，其他时间正常上课、读书、备战高考。时隔 17 年，已过而立之年的我，此时此刻对于这场疫情的感触更为深刻，不是身在前线的人员，我能做些什么？我应该和学生如何去谈论这件事情？应该让学生从这场战役中学到什么？大学生青年群体，是未来建设国家的核心力量，应该对自己所说、所行承担责任，经历这场战"疫"的他们应该有哪些蜕变？

二、高校对大学生的要求

各省教育厅陆续推出春季学期延期开学的通知，明确规定了"所有学生不得提前返校"的要求，在这期间仍有个别大学生全然不顾，此时此刻"一心向学"。

2月7日，教育部召开全国教育系统应对新型冠状病毒感染肺炎疫情防控工作视频会议。教育部党组书记、部长、教育部应对疫情工作领导小组组长陈宝生出席会议并讲话。他强调，防止疫情向学校扩散、守护师生安康、维护校园稳定，是教育系统的一项重大政治任务，是当前最重要的工作。要以高度的责任心和强烈的使命感，守住校园这片净土，确保师生生命安全。划重点：未经学校批准不准返校。

三、大学生如何战"疫"，从我做起

第一，令行禁止。听指挥，令行禁止，2019级新生们应该还记得1月份军训，听指挥、艰苦奋斗的精神、高效的执行力是必不可少的。做到令行禁止，学习防疫常识，给家人普及知识，不外出、不偷偷回校。过去，辅导员和学生联系时，"你怎么还没有回到学校？家里还有一些事情需要请假？"现在，"学校延迟开学，具体时间等通知，安心在家，这是特殊时期的特殊处理。"作为当代大学生，享受"躺着在家"就是做贡献的时刻。

第二，如实报告，不欺瞒、不隐瞒自身的真实情况。在全国都在齐心协力共同抗疫的时刻，仍有一些不协调的、不能理解的声音，隐瞒自身病情、隐瞒自身来处，最严重的是某地某人隐瞒自身来处，多次参加大型聚会，而导致3 000人置于危险境地。根据《中华人民共和国传染病防治法》，任何单位和个人违反规定，导致传染病传播、流行，给他人人身、财产造成损害的应当依法承担刑事责任。目前，多位类似病患已被立案侦查，涉嫌罪名为以危险方法危害公共安全。对于大学生，如实上报自身的情况，感受老师、同学们的重视和关心，每一天的日报，动态的关心，这是我们应尽的一份义务，不能到前线，

那么我们把自己应该做好的日报，主动、不隐瞒地上报。

第三，思辨能力。对于漫天的信息，不做复读机，能够客观看待、分析，有自我思辨能力；对于获取信息的来源能够进行甄别，获取信息的渠道是官方的平台，而不是人云亦云，增添自身恐慌，被别人牵着走。

第四，自我管理。由于不能外出，于是朋友圈的点到、你问我答、点赞学习、点赞运动等霸满屏幕，更有学生表示数着指头过日子，通宵游戏、电视剧，白天睡觉，期待能够外出玩耍的那一天。这时候需要每一位学生有科学的自我管理能力、科学的时间管理能力，那么多的时间怎么去分配？回头看看假期的计划完成得如何？带回去的书本翻了几页？下学期的课程是否可以预习？还有那平时总说没有时间发展的兴趣爱好、技能培养，是不是可以行动了？对于时间管理，这里有一些建议，比如番茄时间管理法、对于事情的分类等。

一、重要、紧急 处理方法：立即去做 饱和后果：压力无限增大、危机 原则：越少越好，很多第一象限的事情是因为它们在第二象限时没有被很好利用	二、重要、不紧急 处理方法：有计划去做 饱和后果：忙碌但是不盲目 原则：集中精力处理，对于第二象限，做好计划，先紧后松
三、不重要、紧急 处理方法：交给别人去做 饱和后果：忙碌且盲目 原则：放权给别人去做	四、不重要、不紧急 处理方法：尽量别做 饱和后果：浪费生命 原则：可当作调节身心，但是一定不能沉溺于这个象限

第五，此时此刻。2019 年，《我和我的祖国》唱响祖国大地，每一个职业人、每一位大学生、每一个地域，耳边响起的都是那首《我和我的祖国》，唱得激动人心。此时此刻，我爱你中国，不仅仅是一个口号、一首歌曲。"为中华之崛起而读书"，这是周恩来总理在少年时代立下的宏伟志向。此时此刻，面对疫情，心中是不是有一份劲头，当前的困难让我们看到很多不完善的地方，作为中国人，作为当代大学生，我们是不是更应该想着把自身的专业学好、学通、学精，深刻意识到自身的知识学习是和国家息息相关的，为祖国的强大而读书，为日后不再经历这样的疫情而读书？

四、青春的力量，我在抗"疫"

疫情防控阻击战进入关键时期，在这场没有硝烟的战争中，每天都有暖心的故事在上演。北京理工大学珠海学院计算机学院2019级郭洺延自愿跟随父亲值班站岗，在社区重要路口值守，检查来往车辆人员，测量体温，守护家园。在南海新闻记者采访郭洺延时，他说："首先，担心父亲的年龄，我爸爸年龄比较大，我觉得自己应该尽一份孝心；同时，父亲是一名党员，我是一名团员，这是属于我们年轻人的一份义务，我们站出来为大家服务。父子齐心，其利断金，这次的事情让自己成长不少。"

当然还有更多的"郭洺延"，在这特殊的时期响应当地号召、挺身而出，在防控疫情阻击战中充分发挥共青团生力军和突击队作用，冲锋在前，为坚决打赢疫情防控阻击战贡献力量。

"青年兴则国家兴，青年强则国家强，青年一代有理想、有本领、有担当，国家就有前途，民族就有希望。"

辅导员家访：听取家长心声，
让教育"活"起来

活的教育，更是教育中最不可少的现象。比譬：鱼在岸上，你若把它陡然放下水去，它的尾和鳍，都能得其所在，行动不已。鸟关在笼里，你若把它放到树林里去，它一定会尽其所能，前进不已。活的教育，正像鱼到水里鸟到树林里一样。再比譬：花草到了春天受了春光、太阳光的同化和雨露的滋养，于是生长日速。活的教育，好像在春光之下，受了滋养料似的，也就能一天进步似一天。

——陶行知

家访是让教育"活"起来的"雨露"。辅导员家访，重点走访建档立卡家庭经济困难学生，选择具有代表性、典型性的家访对象，给困难、特殊学生家庭送去温暖，了解学生的成长环境，更重要的是给予其生活学习的动力和信心，构建政府、社会、学校和家庭教育相结合的"四位一体"大学生思想政治教育新模式，让教育"活"起来。

河南信阳赛一村家访零距离

小红（化名），女，计算机学院2017级学生，在校期间多次获得奖学金、优秀学生称号等奖项。小红是河南省信阳市光

雏鹰展翅志高远

用奋斗青春书写大学时光

山县赛一村人，家庭成员五人，包括爷爷、爸爸、妈妈、弟弟，父母常年在外打工，她从小由爷爷奶奶照顾长大。爷爷在家务农，弟弟在读高中，经济来源主要依靠父母打工的收入。家访期间，小红与弟弟在外打暑假工，这也是两人常年的假期生活，当其他同龄人在休息、游玩的时候，姐弟俩要努力赚取自己下学年的生活费。

家访路途，在城市中能够发挥便利的手机地图在这里变成了"南辕北辙"，两次导航的路线与小红的家庭住址背道而驰，地图上已经只剩下省道可以辨识，其他全是乡间无名小道。年轻人外出学习、打工，村中多为留守老年人、儿童，语言交流的不通，问路也是以"你说什么"而告终。最后，小红委托同一镇子打工回来的姑姑，才让我们成功到达。

来到小红的家，虽然房屋简陋、家具破旧，但整齐干净。交谈中，小红爷爷的朴实、乐观深深打动了我，不难看出，正是这种精神的潜移默化形成了小红积极乐观的态度、认真努力的品质。

谈到小红在校的表现及在家的行为，爷爷表示满意、感谢：感谢党、国家的政策，感谢学校的关心、重视，感谢老师远道而来的家访。如今，国家与学校多方面的助学助困政策，让日子过得越来越有希望。同时，希望学校老师能够对小红严格要求，孩子有做得不好不对的地方，也告诉我们家里，一起培养孩子成长成才。我们文化都不高，家庭经济困难，在孩子很小的时候父母就外出打工，只有过年的时候才能回来，我和她奶奶年龄大，孩子非常懂事，知道家里的不容易，从小就主动承担家里的家务，假期打工补贴家用。在我们困难的时候，国家政府帮助我们渡过难关，其他的我不懂，但我知道知恩图报的道理，常教育孩子要心存感恩，做一个对社会有用的人，长大以后要去帮助更多需要帮助的人，力所能及地回馈社会。

满墙的奖状诉说着小红一路走来的成绩、勤奋、努力。作为一名思想政治辅导员，通过家访，我看到了学生真实的家庭环境，家访前的激动、忐忑、使命让我在不断思索。家访是将学校教育与家庭教育相结合的工作，通过家访更进一步了解学生的成长历程、了解学生的思想状态，从而能够达到精准帮扶、培养学生、教育学生的目的。

十九大报告中指出:"青年兴则国家兴,青年强则国家强。青年一代有理想、有本领、有担当,国家就有前途,民族就有希望。全党要关心和爱护青年,为他们实现人生出彩搭建舞台。"我们将继续发挥思想政治辅导员的作用,通过多种形式,搭建多样平台,听取家长的心声,给予学生更多关怀、帮助、支持,为广大学子的成长成才保驾护航,切实做到全面育人、全方位育人,让教育"活"起来。

遇见 | 致大一，145天的大学生

截止到 2019 年 1 月 29 日，2018 级的学生已成为一名大学生 145 天。

在这 145 天里，我们经历了大学的第一课、第一次考试、第一次社团活动、第一次班会、第一次"约会"……

当然，还有令人难以忘怀的军训生活。

回想起，当我们接到大学入学通知书的那一天，心中对于大学生活的期待，对于自己作为大学生这个角色的要求：

要成为学校最闪亮的那颗星；

要成为泡图书馆次数最多的人；

要成为班级里最努力的人；

要成为成绩最棒的人；

每次上课都要坐到第一排；

每次作业都要拿到最高分；

每次活动都要积极参与；

我要拿奖学金；

我要加入××社团；

我要交到女（男）朋友；

我要……

回头看看，这 145 天的大学生活，查一查自己的成绩单：

你是否成绩拿到了 80+？

你是否专业技能提升了？

你是否在未来的简历中能够添加上几项社会实践、组织活动的经历？

……

答案自在你心中。

对过去这 145 天的大学生活是否满意，我们需要总结；

总结之后，我们需要采取行动。从今天开始，寒假已经过去快两周，过一个充实的寒假，从现在开始。

1. 自律是良好的开始

很多同学在高中时认为进入大学就是进入了天堂，时间自由了，生活丰富多彩。现实也如此，大学有更多可以自由支配的时间。你可以选择是否去上课？你可以选择是否交作业？你可以选择是否利用课余时间继续学习？你可以选择是否参加某个社团、某项活动？所有的选择造就了现在的你。我们从刚开始入学的雄心壮志，到变得平庸、急躁，我们需要找到自己的轨迹，以目标为导向，我们自身的大学终极目标是什么，依据终极目标，制订长期、中期、短期计划，每一个学期、每一个阶段的工作都是为下一个阶段做准备。

而自律是良好的开始。在宿舍里其他成员都在打游戏的时候，你选择坚定内心，泡图书馆；在其他同学早上多睡一会儿、早课不去的时候，你坚定内心，按时去上课；在其他同学周末去玩耍的时候，你还记得课程的作业计划今天要完成，这就是自律，内心坚定。

2. 良师益友不可少

有一句话，站在巨人的肩膀上，我们能看得更远。

在老师、师兄师姐的指导下，我们能够走得更稳。很多优秀的毕业生在进行经验分享时，都会提到在入学初受到某某师兄、某某老师的影响，加入了某某协会，开始参加某某比赛，他以某某师兄、师姐为榜样，开启自己的大学生活，取他人所长，助力自我成长。

3. 关注自身健康，坚持运动

当你无所事事、压力大、投入不了学习，感到迷茫的时候，请去健身。每

雏鹰展翅志高远　用奋斗青春书写大学时光

一个人都会因为某些事情产生不良情绪，如焦虑、沮丧、失落等，我们如何去处理这些不良情绪呢？

　　有人通过倾诉的方式，找自己的好友倾诉；

　　有人通过自处的方式，跑跑步、旅游、大吃一顿等。

　　如果以上方式都不能排解，那么记得我们需要借助外力帮助我们走出来，可以是学校的心理咨询老师，借助他们的力量帮我们释放这些不良情绪。

　　大学的第一个学期已经结束，我们需要对自己这一学期的学习、生活进行总结梳理，通过寒假我们可以做些什么？！（为了下学期的四级考试，你是否坚持英语学习了？为了下学期的专业学习，你是否进行寒假实践了……）

辅导员说：在新墨西哥大学感悟教育的"14小时时差"

2019年8月，在经过了近一个月的交流学习后，来自计算机学院、信息学院的18名参加新墨西哥大学（以下简称UNM）2019年暑期游学项目的学生完成了课程学习，启程回国。

游学项目立足于教育部倡导的中国学生发展的核心素养，学习先进的高等教育理念，培养具有国际视野的应用型人才。在美期间，学生们带着"UNM的日常学习生活和国内有什么不同？如何更快地适应当地？如何高分通过校内托福考试"等问题，老师们带着"UNM对口专业的课程如何建设？和我校对口专业课程的学分如何对接？国际学生如何申请对口专业的学习？UNM的学风建设有何不同？学校事务管理、生涯辅导如何开展"等期盼，开始了为期一个月的游学之旅。本次暑期游学让地理位置上存在的14小时时差成为零，同时也解答了教育的"14小时时差"。

通过游学，师生深入UNM的日常教学课堂上，参观工程学院，与教授、博士、本科生们进行面对面的交流探讨，与学校学生事务工作负责人进行座谈，了解到他们的目标同样是提高教学和人才培养质量，营造良好的育人氛围。但在实际调研过程中发现，国内外高校学生受教学模式、社会环境、个人心理等因素影响，学习状态及动力也各不相同。

学习动力的不同：以个人兴趣为出发点，国外学生可以依据自己的兴趣爱好选择课程。

学费主要承担主体的不同：当地大学生的学费和生活费主要通过个人贷款和勤工助学获得，因此相对于国内学生学费生活费几乎由父母承担，他们更能体会到学习机会来之不易，学习动力更强。

教学方式不同，学习方法不同：在这里一天的上课时间是上午 9 时到 12 时，其余时间是小组讨论、作业完成。当然仅仅依靠课堂的学习和作业是远远不够的，这也体现了当地教师教学方法的不同：在课堂上教师更多的是对于学生学习知识的引导、学习方法的传授、个体的鼓励，学生需要更主动地利用课余时间进行学习、资料查询、讨论交流。UNM 的校园环境、设置充分给予了随处可以学习、交流的场地，文理两栋图书馆、任何空旷的场所都设置了舒适的学习书桌和随处可以使用的插头，还有覆盖全校的免费 Wi-Fi。

"授之以鱼不如授之以渔"。通过一个月体验、面对面交流，让不同历史文化进行碰撞，帮助师生们从客观的角度去看待调研情况，取之精华、去其糟粕，为以后更好地开展教育教学、学科建设、学风建设等工作贡献一份力量。同时也能更好地激励学生成长成才，提高他们的主观能动性，培养更多具有国际视野的应用型人才。

工作案例：校园突发安全稳定事件的处理和思考

一、前言

高校稳定是关系整个社会稳定全局的大问题，是国家政治稳定和社会稳定的"晴雨表"。保持高校稳定不仅是国家繁荣昌盛的一种象征，也是高校其他各项工作的前提和基础。在当今信息化和网络时代，高校发生安全稳定事件，很容易产生"轰动"和"涟漪"效应，引起全校师生甚至社会的强烈反响和普遍关注。处置高校安全稳定事件，往往需要投入大量的人力、物力和精力，影响师生正常的工作学习和生活秩序。高校辅导员处于学生工作的第一线和最前沿，是高校学生教育管理的中坚力量，努力做好学生的安全稳定工作，预防和处置学生安全稳定事件，维护学校的安全稳定，是高校辅导员的一项基本职责和重要任务。

二、校园突发事件案例

2012年12月11日18时左右，一名校外社会青年到学院女生宿舍楼内，声称要找一名与其认识的女生。根据学校相关宿舍管理规定，宿舍管理人员拒绝了该青年的要求，并通知了保卫部门。男青年因要求被拒，情绪开始激动并企图强行闯入女生宿舍，与此同时一名校卫队员接到通知后赶到现场，并阻止该社会青年的过激行为。其间，该青年掏出隐藏的两把尖刀挥舞，先期到达的校卫队员一面与持刀歹徒周旋一面呼叫支援，同时宿舍管理员通知学院辅导员并大声提醒学生回房躲避，支援的校卫队员亦同时到达现场。持刀歹徒见保卫人员数量众多，挥舞尖刀冲出宿舍楼，校卫队员将持刀歹徒赶往人少的偏僻路段，以防其伤害路人，辅导员则和宿舍管理员一起守住宿舍大门直至歹徒被擒。

三、事件背景

当下大学生思想开放，学校校园环境为开放式，接触社会的机会较多；学生自我保护意识淡薄，对社会的复杂程度认识不足，与社会人员接触时缺乏防范意识；学生在对待感情问题时随意性较大，且遇事处理和想法简单，容易造成双方思想认识偏差，产生不良影响，造成严重后果。

四、处理过程

在接到报告后，学校迅速启动应急预案，安排辅导员到宿舍值班，防止歹徒返回宿舍。在得知持刀歹徒被擒后，安排辅导员到学生宿舍进行心理访谈，调查事件详情，安排专业心理辅导员做好当事学生的思想工作，配合公安保卫部门的调查。安排学生慰问受伤的校卫队员，并组织学生志愿者配合保卫处在校园内巡逻。根据事件的特殊性，展开学生安全和感情方面的教育讲座，引导学生正确处理感情问题。

五、突发事件处置要点分析

安全事故类学生安全稳定事件是高校比较常见的一类紧急事件，引发的因素也比较广泛，包括人身伤害、校园火灾、校园治安、交通安全、群体性活动公共安全、自然灾害以及其他影响学校安全稳定的突发事故和灾害等。如果对这类安全事故和灾害应对不力和处置不当，很容易酿成安全稳定事件。为了处理好日常可能遇到的安全稳定事件，我们应做好以下几个方面的工作。

第一，抓好日常的教育和预防。这是防范安全事故类学生安全稳定事件发生的基础性工作。新生一到校，辅导员就要开展校规校纪教育和安全教育，引导学生遵纪守法，注意做好人身、财产等方面的安全防范，避免发生安全事故。平时工作中，也要注意提醒学生注意安全，特别是节假日、集体活动时要事前明确告知安全注意事项。比如，对学生宿舍要经常巡查，发现违规行为或者安全隐患，应要求学生立即整改或者及时报告管理部门处理；在节假日学生离校外出，要进行登记，掌握学生的去向和联系方式；对个别学生情绪或者行为出现异常情况要求高度关注，及时了解，必要时采取心理干预措施；对学生之间的纠纷要及时调节，避免矛盾激化酿成不良后果。

第二，立即赶赴现场应急处置。辅导员在得知消息后，要立即指导现场学生应急处置并在第一时间赶到现场。如果事件可能危及人身安全，应立即组织学生有序疏散；如有伤亡，则应立即组织维护现场，尽力稳定学生情绪。许多情况下，能否在第一时间进行恰当的处置，将给整个事件的后期处置带来关键性的影响。

第三，迅速了解事件发生的详情。在对现场作应急处置后，辅导员要马上调查了解事件的起因和过程、涉及人员及其基本情况、人员伤亡或者财务损失情况、造成的影响等详细情况，除了及时向上级口头汇报，一般还应该形成书面材料上报，以便学校制定行之有效的具体应对方案。

第四，积极配合尽快平息事态。事件发生后，辅导员要积极做好事件涉及的学生的安抚工作，及时向学生通报事件有关情况以及学校的处置情况，稳定学生情绪。同时，还要按照上级的工作部署，认真做好上级相关工作，比如与学生家长联系沟通、配合有关部门调查取证、看望慰问受伤学生等。在处置过程中，要特别注意防止谣言传播、节外生枝导致事态的扩大化。

第五，针对常见或容易发生的安全稳定事件，要详细制定各种应急预案。建立常设的联席工作制度，协调各部门之间的工作；定期展开有针对性的预防演练，强化处置队伍的处理能力；定期开展培训及经验交流，提高处置队伍的理论水平和专业性。

工作案例：高校劳动教育融合就业创业教育的实践路径

——构建"社会参与+高校组织+家庭关注"的劳动育人模式

一、前言

习近平总书记指出："要在学生中弘扬劳动精神，教育引导学生崇尚劳动、尊重劳动，懂得劳动最光荣、劳动最崇高、劳动最伟大、劳动最美丽的道理，长大后能够辛勤劳动、诚实劳动、创造性劳动。"《关于全面加强新时代大中小学劳动教育的意见》中指出："高等学校要注重围绕创新创业，结合学科和专业积极开展实习实训、专业服务、社会实践、勤工助学等，重视新知识、新技术、新工艺、新方法应用，创造性地解决实际问题，使学生增强诚实劳动意识，积累职业经验，提升就业创业能力，树立正确择业观，具有到艰苦地区和行业工作的奋斗精神，懂得空谈误国、实干兴邦的深刻道理；注重培育公共服务意识，使学生具有面对重大疫情、灾害等危机主动作为的奉献精神。"

劳动教育是新时代党对教育的新要求，是全面发展教育体系的重要组成部分，是高校培养复合型、应用型人才的重要实践途径。同时，在实现社会主义现代化建设的进程中，构建"社会参与+高校组织+家庭关注"的劳动育人模式，进而实现树德、增智、强体、育美德教育目标。在劳动素养的培育上下功夫，进而促进提升学生的综合素质能力。疫情防控常态化，高校2021届毕业生总规模预计909万人，同比2020届增加了35万人，毕业生们面临更加严峻复杂的就业形势。如何稳就业，破解"难"就业现象，高校应结合人才培养教育各个环节，形成联动体系。大学生群体因外部环境、个人发展、就业意识、就业能力等因素产生"慢就业""不就业"等现象，是高校就业创业教育重点要解决的问题。因此，高校通过劳动教育与就业创业教育有效融合实践，进一步探索破解"慢就业"等问题的新路径。

二、新时代高校劳动教育与就业创业教育内涵

劳动教育是一种教育活动，包含人们日常生活中的劳动、生产活动中的劳动以及服务性质的劳动三大类，从而达到传播劳动相关的知识技能，树立正确劳动观念、习惯和培养真挚劳动情感。刘向兵指出，劳动教育应成为中国高等教育的主要特色之一，必须与劳模精神、工匠精神等相结合。胡玉玲认为，劳动教育的基本特征是实现劳动者体力和脑力的全面发展，进而追求正确的劳动价值观的树立。劳动教育是国民教育体系的重要内容，是学生成长成才的必要途径，具有树德、增智、强体、育美的综合育人价值。

就业创业教育是高校育人的重要模块，是以培养具有一定的综合素质和实践应用能力的人才为目标，进而培育学生的职业意识、职业能力、职业素质、创新创业精神和职业规划能力为主的教育。通过就业创业教育，促进学生主动就业和积极创新创业，使其更加适合社会发展的需求。

劳动教育与就业创业教育既存在共性又各有侧重。教育部《大中小学劳动教育指导纲要（试行）》指出，"劳动教育是发挥劳动的育人功能，对学生进行热爱劳动、热爱劳动人民的教育活动"。劳动教育中思想教育突出，它重点强调人们应该尊重和鼓励一切劳动和劳动者，拒绝拜金主义、享乐主义等错误思想和行为；劳动教育强调服务社会的意义，引导教育学生积极参与社会服务工作，强化大学生的社会责任担当意识，学习马克思主义劳动观，认知和谐的新型劳动关系，进而体会社会主义社会公平；劳动教育的实践育人功能，引导学生树立用自己的双手来创造自己的未来，培养学生吃苦耐劳的精神，更重要的

是让学生深入社会、服务社会、回报社会，增强学生的公民意识和社会责任感，进而实现树德、增智、强体、育美的教育目的。

就业创业教育既强调职业在人生发展中的重要地位，又关注学生的创新创业意识培养，通过激发大学生生涯发展规划的自主意识，促使大学生产生职业生涯规划的内驱力，借助"社会+高校+家庭"的资源平台，自发进行精准学习和有效行动，提升就业创业能力。就业创业教育要达到三个目标：一是形成，思想上意识到职业生涯规划在大学时期的重要性，基于职业生涯规划发展性、全面性、独特性的特点，形成全局、客观、重视的态度；二是学习，对于职业生涯规划理论、就业知识、创新创业知识的学习，进而促进学生职业规划意识的形成，职业能力、综合素质、创新精神和职业规划能力的进一步探索；三是提升，提升学生的行动力、决策力，促进学生角色转变为职业人角色，提高学生职场适应能力。

三、大学生劳动教育融合就业创业教育促进大学生形成正确的择业观、就业观

北京理工大学珠海学院面向在册学生通过线上发放问卷，结果显示：77%的大学生表示能够认真对待劳动教育课程；80%的大学生认同高校劳动教育能够促进大学生形成艰苦奋斗、改革创新的工匠精神，引导帮助大学生树立正确的就业观、择业观；75%的大学生认同劳动教育促进大学生形成创新精神，能够在动手实践的过程中创造性地解决实际问题；77%的大学生认同劳动教育促进大学生树立正确的劳动态度，增强服务意识，具有面对重大危机时主动作为的奉献精神；78%的大学生认同劳动教育能够促进大学生形成良好的劳动习惯，进而提升综合素质能力，增强职业竞争力。由此表明，高校学生认可开展劳动教育有着非常重要的意义，能够积极参与到劳动教育活动中，劳动教育促进大学生形成正确的择业观、就业观。因此，高校可以结合当前高校就业创业教育，有效系统地开展大学生劳动教育，进一步达到"五育并举"的教育效果。高校劳动教育要以专业技术为重要背景，通过教育内容与学生专业相结合、教育形式与专业项目相结合，培养学生的劳动情感，增强学生的劳动能力。高校劳动教育要融合就业创业教育，在劳动观念教育中进一步促进大学生

形成正确的职业态度，通过专业劳动教育全面促进大学生职业能力提升，通过劳动实践教育进一步助力大学生综合素质提升，形成正确的就业观和择业观，为高校开展就业工作提供新思路。

四、新时代高校劳动教育融合就业创业教育的实践路径

劳动教育的内容包含劳动观念教育、专业劳动教育和劳动实践教育等。马克思主义劳动观教育是高校开展劳动教育的前提，是劳动观念教育的核心；通用劳动科学知识需要与学生职业发展密切结合，促进提升职业能力；通过劳动教育实践环节设置，让学生经历必要的实践体验。

（一）在劳动观念教育中进一步促进大学生形成正确的职业态度

高校围绕劳动精神、劳模精神、工匠精神、劳动组织、劳动安全和劳动法规等内容，开展理论教育，教育学生正确理解马克思主义劳动观，普及与学生职业发展密切相关的通用科学知识。结合学院专业特点，制定有针对性的劳动教育方案。通过围绕典型劳模开展主题理论教育，进一步帮助学生全面认识职业，通过自己双手劳动，树立职业无好坏、能力要匹配的职业观；通过开展专题讲座、公司参观，促进大学生群体全面了解劳动环境，立体认知职业内容，促进形成正确的职业态度。

（二）通过专业劳动教育进一步提升大学生职业能力

高校通过实习实训、专业服务和创新创业活动等形式，把劳动教育纳入学生培养教学计划内。高校结合学校专业特点，可以安排不少于 8 学时的劳动教育，每劳动 1 小时按照 1 学时计算。以珠海某校为例，专业劳动教育通过专业实习实训、学科（技能）竞赛、生产（社会）实践、专业精准培训、专业技能证书、专业项目论文专利等模块开展，进一步提升大学生职业能力。

1. 专业实习实训

通过开展专业实习实训，引导大学生利用寒暑假时间进行专业相关的实习实训，认证时需提供实习证明，如实习时长、实习日志等相关材料。

2. 学科（技能）竞赛

结合专业特点，整理学科（技能）竞赛库，引导大学生参加校级以上专业相关的学科技能竞赛，获得校级三等奖以上的奖项可直接获得专业劳动学分。

3. 生产（社会）实践

将生产（社会）实践与专业特点相结合，引导大学生参加"义务维修电脑"活动，帮助实验室管理员和实验指导教师开展相关辅导、设备维护劳动，参与专业"义务课堂""微课堂"等小老师讲专业课活动，以上按照实践时长证明进行学时认证。进行专业相关的社会实践需提供相关时长证明。

4. 专业精准培训

结合当地职业教育政策，引导大学生参与学院开展的精准培训，经过培训并取得证书后，可直接获得专业劳动学分。

5. 专业技能证书

通过专业技能证书模块，引导大学生取得一系列相关的专业证书，可直接获得专业劳动学分。包含但不限于以下技能证书：ORACLE 认证，全国计算机技术与软件专业技术资格（水平）考试（中级及以上），全国服务外包岗位专业考试（中级及以上），CEAC 认证，思科认证，PAT 认证，华为认证，网络信息安全工程师（中级及以上），全国物联网技能证书。

6. 专业项目论文专利

通过专业项目论文专利进一步引导大学生参加专业相关科研项目并结题，发表论文并刊登，获得申请专利等，以上可直接获得专业劳动学分。

（三）通过劳动实践教育进一步助力大学生综合素质提升

高校通过组织学生参与集体性劳动实践和服务等形式，进一步助力大学生综合素质提升。以珠海某校为例，设置实践模块共 16 学时，可以分为每劳动 1 小时计 1 学时，每次活动最多计 2 学时。

学校结合志愿服务工作，组织学生自觉参与校园美化、教室清洁、食堂管理、道路维护等校园日常服务性工作；依托校外公益组织，如义工协会、红十字急救培训、社区组织等开展社会志愿服务劳动；结合暑期社会实践、助力美丽乡村建设、大学生志愿服务西部计划、"青年红色筑梦之旅"、"三支一扶"、"三下乡"等社会实践活动，组织学生参加劳动实践，促使学生形成较强的公共服务意识，增强学生能够主动作为的奉献精神；引导学生养成良好的日常劳动习惯，保持宿舍环境整洁，积极参加勤工助学劳动，提高自立自强的劳动能力。

学校通过设立校内劳动教育实践项目以及校外劳动教育实践基地，结合校园生活和社会服务，在学年内或寒暑假期间开展劳动锻炼。

　　在实施过程中，针对劳动任务的特点，指导教师要根据学生的特点和个别差异，妥善分工，开展必要的安全教育，明确劳动纪律和要求，做好考勤并记录好学生参与劳动教育的情况。劳动教育完成情况将载入学生的大学生素质拓展（第二课堂）学习档案，并将其作为评奖评优、推优入党、奖学金评定和毕业资格审查的依据。

　　新时代高校劳动教育融合就业创业教育的实践，是高校在落实教育部关于做好2021届全国普通高等学校毕业生就业创业工作的要求，实施2021届全国普通高校毕业生就业创业促进行动必然结果。劳动教育进一步促进就业创业教育的有效开展，就业创业教育是劳动教育的进一步延伸，加强劳动教育是培养担当民族复兴大任的时代新人的必要路径。新时代高校劳动教育融合就业创业教育，也是高校在疫情防控常态化基础上，共同努力确保就业局势总体稳定的成果。

第二章
雏鹰展翅志高远不负时光

她说：不经一番寒彻骨，
　　怎得梅花扑鼻香

陈燕婷，原 2016 级数字媒体技术 2 班学生。

在大学成长的时光里，有欢声笑语亦有满地荆棘的日子，让人回想起来仍是一段多姿多彩的时光旅行。在这期间，她一直以高标准严格要求自己，扎实学习基础知识，努力地披荆斩棘，寻找着大学时光的财富。

入学时，她深深地意识到牢固知识、丰富知识、拓宽视野的重要性，她不仅在课堂上积极地投入各门基础课和专业课学习上，还会积极参与校园社团或课外举办的活动，树立强烈的集体荣誉感和责任心，提高个人的综合能力素质，为自己的全面发展能力做好准备。

大一时，她曾担任过京涛海纳网络部的干事，学习到了不少制作网页的代码知识，还负责处理过社团的一些网络设备，对相关设备之间的连接比当时同班同学有更多的了解。同时，她还担任网络中心宣传部的干事，制作网络中心宣传类的推文并且发布在公众号上，还掌握了多种处理网络问题的方案。除此之外，她还积极地参与其他课外活动，代表班级参加过辩论赛，也是第一次赢得辩论赛。其实曾经的她在这种语言类竞技场是十分胆怯的，不敢在众人面前表现自己，但是通过这次班级辩论赛，她很勇敢地踏出了这一步，仿佛打开了一个新世

雏鹰展翅志高远 用奋斗青春书写大学时光

界，面对大学的生活变得更有勇气和信心。

大二时，专业课和理论课也渐渐多起来，她开始将重心转移到学习上。在校期间，她系统全面地学习数字媒体技术专业的理论基础知识的同时，拓宽自己的知识面，广泛涉猎各科相关的专业知识，为了未来的自己能够顺利走入社会打好坚实的基础。经过自己的努力，她在2017年至2018年期间，获得专业年级一等奖学金，获评校"优秀学生"荣誉称号，虽然只是校级证书，可这份荣誉沉甸甸的，来之不易。同时，她清楚地知道，骄兵必败，荣誉肯定的是过去的努力，只有未来的时光才更值得期待。

大三时，她在闲暇的时间碎片里，多次参加了学校的志愿者活动，为校园贡献自己微薄的力量。当然她仍专注在学习上。学习上没有一帆风顺，曾经她用了许多心思学习大学英语，但是考试仍然失败了几次。即便这样她也没有放弃，她仍在坚持背单词、练听力等，因为人必须接受有限的失望，但不能失去无限的希望。最终她通过自己水滴石穿的奋斗，终于考过了大学英语六级，同时也考取到了普通话二级甲等的技能证书；自此之后，她对"坚持"又有了一份新的珍贵认识。同时，她尝试参与了校园计算机设计大赛，毕竟经过了三年专业知识的培养，她也掌握了很多相关专业的技术。她与班里的几位同学一起组队，她们为了自己的作品曾不眠不休地奋战。尽管作品只获得了计算机学院创意大赛三等奖，但有幸被推荐参与国赛，可谓是一个光明的转折。之后，她们还需继续奋战，为作品进行润色，以呈现更好的效果。最后她们去了"人间天堂"的杭州进行比赛，荣获第十二届中国大学生计算机设计大赛二等奖，为校争光。她也努力地做好自己的时间管理，即便参赛花费了大量的时间，但是在学习上仍未忘记本心，参加比赛的同时也再次获得专业年级一等奖学金。这一年的收获仿佛是"不经一番寒彻骨，怎得梅花扑鼻香"，过去付出的努力，时光会告诉你答案。

白驹过隙，转眼间大学时光只剩下四分之一，大四要面临毕业实习等难题，入世未深的她瞬间迷失在分叉路口。她开始投简历，等待各种石沉大海的消息，成长无法避免的各种痛苦，只能一一消化并且继续坚持。不断经历各种面试，最终得到了珠海远光软件公司的实习录用通知。在实习期间她跟同事之间相处融洽，兢兢业业，恪守本分，办事效率快，工作质量高，得到实习单位的领导及同事的一致好评，也学习了许多商业上的技术专业知识，增加了社会见识和技术经验。这次实习是她的一笔珍贵的人际与技术财富的收获。实习后，剩下的时光主要是准备毕业设计与工作转正申请。她认为，在这日新月异的时代，只有不断学习才能跟上知识的潮流。

不负青春时光之辅导员说：

大学四年的成长时光教会了她勇敢自信、不骄不躁、百折不挠、苦尽甘来等，她不再是曾经那个对未来感到恐惧的人。脚踏实地走好现在的路才真正对得起这四年流逝的时光，成长的时光故事不会到此结束，她将带着大学时光给予她的这些无价财富去遇见未来最好的自己，"不经一番寒彻骨，怎得梅花扑鼻香"。她是时间管理的达人，能够结合每个时期的"重点"去规划自己的大学生活，"忙"而不"盲"。

她说：热爱可抵岁月漫长

陈映彤，计算机学院计算机科学与技术专业学生。大学入学以来，一直严格要求自己，时刻告诉自己不得虚度光阴。在师长的悉心培养下，多方面发展，目标成为综合型人才。在大学四年的日子里，她始终保持积极向上的态度，在劳逸结合中完善自我，积极参加社团活动，在学习上不懈怠，努力成为一个德智体美劳全面发展的大学生。

认真可抵万难——在学习方面：从不迟到早退旷课，认真上好每一堂课，及时完成作业，通过努力获得过三次奖学金。在语音识别课上自告奋勇当课代表，为了督促自己也为了锻炼自己，在老师的推荐下，她参与学院为普林芯驰公司录制语音，在需要几百人录音的情况下负责协调好大家的时间，保证了录音的质量，最后得以圆满完成任务。利用课余时间参加英语四六级考试、普通话考试并获得了良好的成绩。另外，在课外学习上，她学习了除专业课外的电脑技术，在提升自我学习能力的同时亦丰富了自己的知识。她也曾加入计算机学院团总支学生会文娱部担任干事，积极配合团学会开展各项文娱活动，如元旦晚会、院运会等，从中学会了策划活动、拟写策划书，培养了团队协作的精神与面对紧急情况的应变能力。

明确职业发展——在工作方面：经过学习上和生活中不断

的摸索了解，在大学三年级确定了职业的发展方向——产品经理，她形成了自己的职业规划。她利用大学三年级下学期暑假的时间，为在大学四年级的秋季招聘中能够应聘自己向往的岗位自费参加了培训班，从入门到了解，基本具备了一个产品经理必备的技能，同时考验了自学能力和自制力，也使她顺利获得了第一份心仪的实习工作。在实习期间，她每日往返于学校和公司之间，学会平衡学习与工作的时间，通过实习，为之前所学习的理论提供了实践机会，积累了很多实践经验，也学会了为人处世的道理。

实践服务他人——在社会实践与志愿活动方面：她积极参加学院自强分社举办的清理机房、维护饭堂附近的卫生等公益活动；除此之外暑期回家也积极参加志愿服务，志愿时长达7小时；还参加心肺复苏培训，考取了红十字会证。另外，在暑假期间她参加了一个月本地镇政府司法所的实习工作，其间参与组织了小学禁毒公益讲座、社区禁毒宣传展览，收获了在学校中无法学习的东西，为日后工作积累了不少宝贵的经验。

热爱可抵岁月漫长——在生活方面：她规律作息，从不夜归；严于律己，宽以待人；团结同学，不与他人攀比，对人以诚相待。她热心帮助同学解决生活和学习上的困难，为同学朋友带来欢乐，建立了良好的人际关系，获得了大家的尊重和支持。

作为新时代的大学生，她认为不仅需要孜孜不倦地追求知识，还需要保持时刻旺盛的拼搏精神，不止在学习方面，也应在其他方面综合完善自我。她始终怀着一颗感恩的心，感谢祖国，感谢校园，感谢悉心培养自己的老师，感谢无条件支持自己的家人，有了这一切才有今日全面发展的她。而她也应把这一切反哺他们，不负众望，成为一个有贡献的人。社会需要大学生，社会更需要有潜力的大学生们！

大学的成长让她突破了不少自我，也让她成长为一个有思想和更加坚定的人。在此送上她最爱的一句话：热爱可抵岁月漫长。做每件事情只要热爱就可以坚持下去，工作也是，学习也是，梦想也是。虽然在坚持这件漫长的事情的时候会很枯燥，甚至有很多挫折和打击，但回头一想，原来是在做自己热爱的事情，这一切就变得有意义起来。这句话也成为她大学四年一直追求梦想的动力，在未来，她也会一直带着这份坚定的信念走下去，闯出属于自己的一片天地。

雏鹰展翅志高远 用奋斗青春书写大学时光

作为学院的一名优秀学生,她感到无比的骄傲和自豪,这是她永远的纪念、永恒的财富、永久的动力。时光飞逝,大学生活即将结束,在今后的日子里,她会继续努力,不断进取,丰富自己的知识,提高自己的潜力。今天,我为学校而骄傲;明天,学校为我而自豪!

不负青春时光之辅导员说：

习主席说:"作为'80后''90后',同学们青春年华、朝气蓬勃,正是积累知识、提升能力最重要的阶段。希望大家珍惜大好时光,努力刻苦学习,掌握真才实学,陶冶道德情操,做到德智体美全面发展,做祖国的合格接班人和建设者。"

热爱可抵岁月漫长,做每件事情只要热爱就可以坚持下去,工作也是,学习也是,梦想也是。始终怀着一颗感恩的心,感谢祖国,感谢校园,感谢悉心培养我们的老师,感谢无条件支持我们的家人,有了这一切才有今日全面发展的我们。而我们也应把这一切反哺他们,不负众望,成为一个有贡献的人。社会需要青年大学生,社会更需要有责任和担当的当代青年群体!

她说：器识为先，文艺其从，立德立言，无问西东

姚佳莹，原2016级计算机科学与技术4班学生，现就职于深圳南天东华科技有限公司。

"器识为先，文艺其从，立德立言，无问西东。"该句出自著名的《清华大学校歌》，由汪鸾翔先生作词，张慧珍女士作曲。在高三即将离开学校的时候，老师就将这句话送给她和她的同学们，尽管当时对其不够理解，但是这句话还是深留在了她们每一个人心中。

在进入大学之前，她对大学生活有过许多遐想，希望自己能够度过一段充实且不留遗憾的大学生活。在临近毕业的这一刻，当她回想起自己的大学生活，虽然与她最初想象的可能有所不同，但也是她现在所认为的最为充实和美丽的大学生活了，经历过许多坎坷，拥有许多收获，有泪水也有欢笑。

大学四年期间，在学校老师的指导下，她利用课内课外时间认真学习了思想道德修养与法律基础、中国近现代史纲要等课程，从中认识到，不论环境恶劣或优越，都不要做有违德行和言行的事情，做人要有自己的道德，坚守原则，恪守底线。在日常生活中，加强基础法律知识积累，热心助人，积极参与公益活动，始终坚持自强不息，立志成才的信念，始终保持着昂扬的斗志和坚韧不拔的作风，坚定不移地朝着既定的奋斗目标前进。

雏鹰展翅志高远 用奋斗青春书写大学时光

自从2016年进入北京理工大学珠海学院计算机学院以来，她就以认真求实的态度来对待大学生活，争取做一名优秀的大学生。

在学习上她严格要求自己，凭着对个人目标和知识的强烈追求，刻苦钻研，勤奋好学，态度端正，目标明确，在学习和掌握本专业知识和技能的同时，还注意各方面知识的扩展，广泛地涉猎其他学科的知识，如学习选修西方文化通史课程，在老师的指导下阅读相关书籍并撰写论文，提高了自身的文化素质。

在每个学期初她都制订学习计划，针对自己感兴趣的课程阅读相关书籍并学习相关技术，合理、周密地安排时间，在大学四年的学习生涯中取得了较为满意的成绩，多次获得奖学金。

大学生活是多姿多彩的，在老师同学的建议下，学习之余，她还加入藤蔓社团，参与组织多场活动，宣传中国传统文化以及传统工艺，在师兄师姐的指导下学习到很多知识和经验；参加每年的迎新活动和学院自强分社组织的公益活动，珍惜每一次机会锻炼自我，不断提高自身综合素质。大三时，在广东省计算机技术与软件专业技术资格考试中获得了中级数据库系统工程师资格。

在充实的大学生活中，她始终保持着积极向上的心态，以高标准要求自己，妥善处理好课内课外活动之间的关系，认真学习专业知识，参加课外活动，努力做到全面发展。

在学习过程中，她深刻认识到，随着科学技术逐步向综合性、跨学科发展，未来社会更需要具有协作意识和团队精神的知识青年，因此在课余活动中积极主动地锻炼自己的组织协调能力，积极组织宣传剪纸艺术和传统手工制作等活动，不仅提高了管理与组织能力，还学会了一些为人处世的道理。在专业学习中，她在老师的指导下，大胆创新，锐意进取，虚心学习，对于本专业的知识有了更为深刻的理解，建立起一个完整的知识体系。在大一学年的军训生活中，她养成了良好的生活习惯，有了严谨的生活态度和良好的生活作风。在寒暑假期间，她积极参加社会实践，在社会实践中进一步锻炼了自己，同时也拓宽了自己的视野。在校团委、学生处以及学院各位老师的培养和信任下，她在锻炼中不断成长。她非常感谢大学期间遇见的人和事，让她成长为一个更好的自己。

时至今日，她也许已经能够理解高三那年离开学校时，老师送给她们的那句话。希望当你成长为一个大人的时候，知世故而不世故，仍像小时候一样，对生活中的每一件事都充满热情，每一个发现都能让你更加的快乐，有自己的原则和坚守，不论遇见什么样的情况，都不做有违德行和言行的事情。

大学四年，她认识了许多老师和朋友，经历过许多的事情，遇见过各种各样的情况，收获了许多泪水和欢笑。这些经历让她觉得自己的大学生活也许不够完美，但是足够深刻和美好。也许在每一届大一新生的眼中，每个人都对他们说过大学生活应该如何，但最终选择一段怎样的大学生活的权利，在自己手上。珍惜自己在大学中度过的时光，记录下每一次泪水和欢笑，当毕业的时候，再回头看看自己的大学生活，尽管它可能不够完美，却是自己独一无二的大学生活。

最后，她想将这句话"器识为先，文艺其从，立德立言，无问西东"转赠给每一个迷茫的师弟师妹，希望在以后的学习生活中对他们有所激励。

不负青春时光之辅导员说：

以"器识为先，文艺其从，立德立言，无问西东"开始，包含了她大学四年的自我要求和方向。如何立德立言？在大学第一学期的必修课"思想道德修养与法律基础"中告诉了我们，明大德守公德严私德，融入自身实践中，知行合一。

她说：知识无止境，学习更无止境

周书敏，原2016级软件工程2班学生，在班级担任学习委员一职。在校期间她认真学习，积极参与社团事务，严格履行职责，曾获得计算机学院第十一届团总支学生会"优秀干事"称号和"优秀学生干部"荣誉称号，还获得过6次优秀学生奖学金，在学习和班级事务管理上表现良好。

她想说：初入大学，明确自己的目标

大学不是享乐的场所，虽然对高考略感遗憾，但是回头张望没有任何意义。

她始终坚持一句格言："不放弃努力本是我的任务，在现在的基础上争取争取再争取是我的职责。"进校后她对自己的学习展开了科学的规划，明确了学习目标，认真钻研专业知识，刻苦学习。为了一步步实现这些目标，首先她参加了班干部的选举，顺利当上了学习委员。成为一名学生干部，就意味着责任和压力，在公开场合要给周围同学做榜样。其次，她认真学习业务课高数和计算机综合知识。这是一个理工科学生尤其是计算机学院学生的必备技能，通过一个学期的学习，基本掌握了计算机编程能力。课后，她积极询问老师一些课业问题，私下与老师询问关于自己未来计划的合理性，逐渐调整，还和老师们建立了深厚的联系。通过三年多的学习，她的平均学分绩点达到了 3.5，这一切离不开她最开始设想的蓝图，离不开她的努力和自我管理。

她想说：社团活动，多尝试多积累

在社团活动方面，大一时她积极参加院学生会的面试和校职协的报名，并且通过了计算机学院下属的学习部面试，成功地成为其中的一员。在工作中，她积极配合部门里的工作，并且提出了自己思考后觉得合理可行的意见；负责过几期学风考察周的学生考勤、学习部活动的宣传和奖学金评定工作；还主持过学院举办的心理剧比赛，那是她第一次主持节目，心情非常激动；此外在大一下学期担任过知识竞赛的工作人员。在社团生涯即将结束之际，还曾积极准备参与学生会的学习部部长的竞选，虽然最后落选了，但是她对自己的社团生涯还是比较满意的，能积极参与各种活动的举办，她觉得相当充实。

她想说：比赛实践，团队合作

她喜欢充满挑战的生活，认为竞争使人成长。大一的时候她就以个人名义参加过校内举办的 C 语言编程比赛和数理学院的数学竞赛，但遗憾的是都未能取得名次。她认识到自己能力的不足，于是在大一下学期拉了几个志同道合的同学准备拍摄微电影，参加由外国语学院举办的英语微电影比赛。电影的脚本是她异想天开编写的，讲述的是一个当代青年发愤学习的故事，取名叫《浪子回头》，她觉得具备可行性和正能量。于是一个英语好的组员便将其翻译成英文剧本，并对照汉译英设计了台词，有设备和能提供场所的同学便提供硬件基础，花了一周时间终于拍摄成功，取得了非常满意的效果，在参选的 100 多部微电影中杀入决赛圈，并获得第七名（优秀奖）。合作获奖的经历让她更加自信，随后在学院举办的知识竞赛中，因为她和组员对比赛材料和相关知识准备充分，所以在团体战中胜出；但由于结果出乎组员的意料，未想到会进决赛，所以对演讲准备不足，最终只获得了二等奖。通过几次组队参赛她积累了宝贵的团队合作经验。

她想说：考研升学，知识无止境，学习更无止境

知识无止境，学习更无止境，在如此激烈的竞争环境中，她意识到本科的学习完全不够，在大二时便萌生了考研的想法，大三的时候以实际行动备考，确定了合理的志愿，避开了热门地区的竞争。在备考过程中，遇到了好友中途退出、考试难度加大和科目临时变更的情况，她依旧坚持复习并参加初试，最终结果总分 270，通过了工科国家线总分 264 的标准，同时每门单科均高于国家线，并且得到了调剂的资格。虽然最终结果未知，但她会尽全力争取录取名额。并且，这段考研经历她将铭记于心，这是属于她的奋斗史。

不负青春时光之辅导员说：

有想法就去做，享受大学的学习时光。她的学习、社团、考研经历，包含了有想法、进行分析、确定方案、实施行动、结果呈现五个环节，取得了一系列的成绩，达到了自己的目标。例如，在备考研究生的过程之中，遇到了好友中途退出、考试难度加大和科目临时变更的情况，依旧坚持复习并参加初试，最终结果总分 270，通过了工科国家线总分 264 的标准，同时每门单科均高于国家线，并且得到了调剂的资格。这也是我们的希望：大学生能够具有独立思辨能力，目标和选择是自己做主，而非模仿周围同学。

他说：执着追梦、勇攀高峰

曾伟杰，原 2016 级计算机科学与技术 3 班学生。在校期间曾获优秀学生奖学金二等奖两次，优秀学生奖学金三等奖两次，国家励志奖学金一次，暖心杯社会实践策划书大赛"一等奖"，2018 年"缤纷党赛"优秀奖和"优秀干事""优秀学生""优秀团员""优秀学生标兵"等荣誉称号。

那些播撒在心田的花种，温暖而伤感；那些映在蓝天的笑容，甜蜜而轻浅；那些留在眼睛的笑容，醉人而微涩，似乎一切就在昨天，点点滴滴在脑海重演。作为一名毕业生，回首大学四年的时光，感慨万千。大学四年，有老师们孜孜不倦的教诲，有朋友们义无反顾的支持，有同学们无怨无悔的帮助，他从一名懵懂无知的少年变成了现在成熟稳重的他，并且不断提升自我，希望自己变得更加优秀。

思想上积极追求进步

在刚刚进入大学时他就向党支部递交了入党申请，并成功通过院级考试和校级考试，成为一名入党积极分子。他始终认真学习政治思想，不断提高自己的政治修养，积极参加院校组织的各项活动，自觉遵守院校的各项规章制度，在各方面起到先锋模仿作用。因此，他于大四第一学期转正，成为一名正式的中共党员。

雏鹰展翅志高远　用奋斗青春书写大学时光

学习上宝剑锋从磨砺出

宝剑锋从磨砺出，梅花香自苦寒来。积极的心态和坚定的意志可以激发出一个人内在的潜力和才华。作为一名大学生，学习是本职也是首要任务。他认真踏实，勤学苦练，刻苦钻研专业知识，严格要求自己学好各项专业知识及相关基础知识。因此，他曾多次获得优秀学生奖学金，并于2019年获得国家励志奖学金。他深知科学技术发达的今天，没有一技之长是站不住的，学习好专业知识，不仅是大学生的责任，也是为往后的工作打下坚实的基础。

工作上认真负责吃苦耐劳

今天能做完的事，决不拖到明天。他工作踏实，认真负责，积极主动，能吃苦耐劳，有良好的沟通能力和良好的团队意识。大一期间，加入了计算机学院团学会践行部；大二期间，担任了计算机学院辅导员助理；大三期间，担任了新时代青年学会的副社长；大四期间，担任了计科3班的班长。在大学四年的工作经历中，他不断成长，不断提高自身工作能力水平和技能水平。

生活上性格开朗热情大方

他性格开朗、热情大方、尊敬老师、团结同学、勤俭节约、艰苦朴素。在生活中，他养成了良好的生活习惯，有严谨的生活态度和生活作风。平时主动与老师交流，和同学相处十分融洽，相互关心，共同努力进步，建立了良好的人际关系。课余时间他还经常参加体育活动，比如打羽毛球、跑步、轮滑等。"生命在闪耀中现出绚烂，在平凡中现出真实"，这就是他的生活态度。

他珍惜美丽的校园，在他懵懂无知时是它为他搭建舞台；他珍惜亲爱的同学们，在他徘徊迷惘时是他们陪同他共渡难关；他珍惜敬爱的老师们，在他遇到困难时是他们为他分忧解难。

光阴似箭，日月如梭，转眼大学四年的时光就要结束了，回忆大学本科生活，曾经的点点滴滴还历历在目。他在大学收获了许许多多，在各个方面都取得了巨大的进步。大学给他不仅仅演绎了一场多姿多彩的幕剧，更重要的是让他在学习专业知识的同时经历了无数的考验、挑战和历练。他感谢大学生活让他在思想境界、知识水平、工作能力等方面都迈上了一个新台阶。在这挥手告别美好大学生活的时候,他将整装待发,以饱满的热情、坚定的信心去迎接新的挑战,攀登新的高峰。

不负青春时光之辅导员说:

他是大学班级四年的班长,初见面时话不多,熟悉起来后,话匣子就打开了。他是学院新时代青年学会的主要成员,积极参与学校学院的活动,指导带领新一届的成员们,是老师们的好帮手。大学四年的生活丰富多彩,考研有些不尽如人意,没有达到自己的目标,他迷茫、焦虑后,选择了先让自己能够自力更生。

他说：勇敢追梦

陈培树，原计算机学院 2016 级软件工程 6 班学生。曾于 2017—2019 年多次获得奖学金一、二、三等奖，2018—2019 学年获得"优秀学生"称号，2019 年 5 月获得福尔摩斯大赛优秀团队奖。

四年前，他带着梦想，满怀忐忑和期待的心情进入北京理工大学珠海学院，从一个对社会充满无限遐想的懵懂少年，成长成为一个做事有计划、计划有实现的成熟男孩。

认真学习。他与班级同学和舍友交流过很多学习方面的知识，比如与他们班的学习委员探讨如何团队协作，制作一个精美的网上书店网站；与他的舍友探讨学习 Java 的一些书和知识点；与成绩一般的同学也互帮互助，帮助他们解决困惑，同时他也增进了对该知识点的理解。正是因为有了这些和谐的学习交流，他的成绩也越来越好，从拿三等奖学金，到后面二等奖学金、一等奖学金，更是到后来拿到了"优秀学生"的称号。

乐于助人。他乐于交友，不仅与班上所有人都关系和谐，有说有笑，同时也跟舍友关系友好，经常聚餐。除此之外，他也积极与其他有间接接触的人交往，比如，与舍友的同学、班级同学的其他班同学、通选课的同学都有很多的交往。同时，他也积极参与了公益志愿活动，不仅帮助需要帮助的人，同时也认识和交往了一些一样热爱公益事业的知心朋友，身心都得到了进一步的提升。

积极探索。他积极地去面试求职，在大三的暑假时光迎来自己的第一份实习工作，是在跨海大桥的口岸——港珠澳大桥珠海口岸，它，也是珠海的新名片。他为此感到非常的自豪，进入公司的第一天，他就充满活力，不仅计划式地去学习关于职业方面的东西，也积极参与工作之外各个部门之间的交友活动，比如一起聚餐。除此之外，他还很有计划地记下自己每天学习到的东西与不足，并在每一周做出本周的总结，汇报到每周晨会之中。

除了这些，他对自己的职业在大三也初有规划，所以除了平时课程上的学习，他也积极为了职业而进入考证的生活。2018年12月考取大学英语四级证书，2019年3月考取全国计算机等级二级Office证书，2019年5月考取初级会计职称，2019年11月考取了软件设计师中级职称。

因为他一直把"永远不要停下前进的脚步"当作自己的座右铭，所以他一直的人生最终目标就是把自己打造成为一个全面型的人才。为了使自己更加全面发展，他在学习专业课之余，也学习了有关数字媒体技术方向的课程，如Photoshop、Audition和Premiere。这不是所谓的不务正业，学会这方面的技术，可提高对于界面UI的设计和美感。并且，他也积极发展他的体育方面，即使大学后期没有了体育课，他也坚持每周至少有2次锻炼身体的时间，虽然对于真正运动的人来说不多，但这使他的体能一直保持在良好状态。除此之外，他还积极学习了一些与专业几乎不相关的东西，保证自己除了专业知识强，专业外的能力也强。他报了英语四级和初级会计学习班，特别是初级会计，从零基础到最后考取了初级会计职称。他坚持参加公益活动。公益事业可以说是我国的优良传统的延续，符合我国社会主义和谐社会的要求，帮助他人，快乐自己，温暖他人，温暖自己，在这个过程中，同样使他成长为一个负责任、有担当的青年。为了丰富技能，在高一的暑假，他就快人一步地开启了考驾照的时光，经过了暑假和寒假，终于在大二拿到了属于自己的驾照，多了一项技能。

因此，在这里，他也要对未来的自己说："继续努力吧，保持大学带来收获，继续前行，不逃避困难，未来一定会越来越好。"

最后，他要感谢大学教导他的每一位老师，让他在大学短短的四年里，学

雏鹰展翅志高远　用奋斗青春书写大学时光

到了很多道理和知识，从一个天真幼稚的他，到现在成熟稳重的他，从以前的自我为中心，到现在明白人生不可能一帆风顺，想要什么样的收获，就要去付出什么样的努力。以后的人生路还有很长，他一定会越来越努力，一步一个脚印，不断提高并完善自己，让自己成为一个能让学校以他为傲的人！

不负青春时光之辅导员说：

"永远不要停下前进的脚步"，他带着梦想，满怀忐忑和期待的心情进入北京理工大学珠海学院，他知道四年后，一定要完成梦想：大学毕业之时，自己要成为一名优秀的大学生。这也是职业生涯规划教育中，每位进入大学的学生对自我的要求：想要成为一名什么样的大学生？生涯导师告诉大家，可以从以下九个方面进行评价：学习进修、职业发展、人际交往、个人情感、身心健康、休闲娱乐、财务管理、家庭生活、服务社会。

他说:"言必行,行必果"

郭海东,原计算机学院 2016 级计算机科学与技术 4 班学生。

大学四年的学习生活他过得非常充实而有意义。他也像很多人一样,一开始入学的时候满怀憧憬,希望大学生活过得丰富多彩,但是憧憬没有目标就会慢慢适应于安逸,没有动力,每天就会沉迷于游戏和视频中,而无法有效地成长起来,来完成自己入学的梦想。只有实际行动,我们才会不断地去学习不断地去查缺补漏完善自己,而没有付出实际行动的人就只能原地踏步。接下来就介绍一下他丰富多彩的大学学习生活经历。

大一是大学适应期:从高中进入大学,在没有老师监督,而且还有很多的课余时间的情况下,他和很多人一样不知道怎么利用这些空闲的时间,而最后往往将这些空闲的时间用于游戏和其他娱乐项目里面了。学习也没有动力,不知道学习的知识怎么去使用。后来他参加了三个不同的社团,这才让他多了很多游戏以外的活动。他每次提醒自己多参加社团的活动,多参加一些公益活动,不但可以丰富自己的生活还可以认识很多的人,正是这个想法才让他的大一生活慢慢地变得丰富多彩起来。社团和学习让他每天过得都非常的充实,除了课堂上学习的专业知识,他还在社团里面学会了如何组织素质拓展活动,

PS 制作海报，Arduino Uno 单片机的编程，这些课外学习的知识往往都是生活中比较常用的东西。也正是大一的生活才让他认识到了很多不同的人，也学习到了很多不同的知识。

大二是选择定向期：一开始他就做了一个非常重要的决定，那就是继续留任他比较感兴趣的机器人协会社团。担任部长的他自己感觉就和部员不一样了，首先他要成为师弟师妹的榜样，还有就是他要学会更多的东西，这样在师弟师妹提问的时候才会进行解答，正是这种心态上的改变让他开始自己学习。大二刚刚开始，学校的信息学院就举办机器人小车的比赛，通过参加这个比赛，他培养了勇于挑战的性格，在今后的学习生活中充满了信心。比赛持续了一个学期，在此期间他从"小白"，到自己焊接电路板、烧录单片机程序，再到修改单片机程序，他学到了很多知识和经验。他之前从来没有像这次比赛那么积极，他几乎把课余的时间都放在了比赛的准备上，可是预选赛他们就输了，但是他们没有放弃，而是解决了所有的问题，并针对可能出现的问题进行解决。最后功夫不负有心人，他们从淘汰复活赛一直打到第一名。

这次的比赛促使他在今后的学科竞赛上都会尽最大的努力去准备。通过一个又一个的比赛，他对没有学习到的知识变得非常的渴望，他开始重新学习 C 语言和单片机的知识，并通过一次又一次的比赛来积累经验。

在大二的时候他找到了目标并开始给自己定位：朝着智能家居的方向发展。这让他有了无限的学习动力。大三期间他开始运用课堂和课外学习的知识不断进行比赛，比赛不但让他的时间变得非常充实，也让他在学习上进步神速，因为他知道这些知识的重要性，才会有动力去学习。比赛也让他的思维变得非常兴奋和活跃，因为很多的问题需要去解决，这时就要靠自己的创意和想法，在将自己的创意变成成果的过程中自己不知不觉地就成长了。很多同学羡慕他拿了很多的奖项，其实他觉得他没有什么特别厉害的地方，如果说有那就是勇于挑战，面对将会出现的问题他相信他可以解决，高效的执行力是所有问题的克星，只有行动起来去解决问题而不是一直在推测问题，这样问题才会被很快地解决。"言必行，行必果"这句话一直伴随着他的大学生活，说到就要勇于去实践，这样才会有结果，只说不做往往只能原地踏步。

除了学习他还非常喜欢旅游，不同的地理环境让他感受到大自然鬼斧神工的同时也让他紧绷的神经得到缓冲和纾解,他喜欢旅行也是因为它往往会给他带来惊喜和意想不到的经历,这些经历让他的生活变得更加有趣和精彩。

不负青春时光之辅导员说:

"言必行,行必果",而有一些人一直在不断制定目标、做计划,坚持不下去、没有结果,继续制定目标、做计划的怪圈里。如何打破这种局面?以第三人称的视角帮助自己,看目标、计划制定得是否合理;行动监督,评估行动的有效性,即执行力如何;行动评估,可以通过他人监督和自我监督两个渠道,他人监督时通过和朋友组成互助小组,相互监督,自我监督时可以采用 TAR 度量方法。Time(时间):确定你行动计划的时间段和你要有效度量的时间段(例如:一个月 30 天的行动计划);Action(行动):按你的计划制订具体的行动要求(例如:每天完成 300 个单词的英文阅读);Result(效果):有效度量的时间段完成的效果情况(例如:一个月 30 天的行动计划,有效完成 10 天,不满意 8 天,未完成 12 天)。

她说：工欲善其事，必先利其器

工欲善其事，必先利其器。她是蓝岚，来自计算机学院。大学四年，她始终保持着积极向上的心态，不断学习，充实自己，妥善处理好学习和工作两者之间的关系，努力做到德智体美劳全面发展。

在学习方面，她优化自己的知识结构。她从不放松自己，勤奋读书，刻苦钻研，十分注重扩宽自己的专业知识，更加重视优化自己的知识结构，培养自己的科研思维和实践能力以及全方位思考的能力。因此，在老师的指导下，除认真学好每一门专业基础课，掌握扎实的计算机基础之外，她还在慕课网、菜鸟教程等网站自学更多的计算机专业知识并加以实践，以此激发自己的学习兴趣并增强自学能力。她坚信腹有诗书气自华，在课余时间经常去图书馆借阅有关专业的书籍以及其他相关专业的书籍来充实自己，也阅读了不少文学作品，提高了鉴赏水平，还学习了为人处世的伦理哲学。由于有良好的学习作风和明确的学习目标，她曾获得优秀学生奖学金数次，得到了老师及同学的肯定，也给自己呈上了一份满意的成绩单。当然荣获奖学金并不是她的最终目标，相反，那是她继续前进的又一个起点，她会把这些当作前进的动力，更加努力向前。所有这些，使她越来越深刻地感受到有人生追求的意义，促使自己前进。

在思想方面，她主动加强政治学习，充分利用上政治理论课的机会，深刻体会中国特色社会主义的发展；利用课余时间认真学习党史和党章，了解共产党的光辉奋斗史；关注时事政治，及时学习党中央颁布的决策和决议，在思想上和党组织保持高度一致。她热爱祖国，永远保持与时俱进，认真学习党的工作路线，正确贯彻党的方针政策，时刻关注着党和国家的发展形势，以及国内外的局势变化，以提高自身综合素质为目的，以个人的全面发展为奋斗方向，树立正确的人生观和价值观。

在工作方面，她积极参加社会实践，努力为自己创造就业机会，提升自己的各项素质。她深知在社会上立足，光有理论知识是远远不够的，要把所学到的专业知识应用到实践中去，还要不断修补学习中的漏洞以提升并超越自我。她在大三期间通过面试进入远光软件股份有限公司实习，在实习期间注重理论与实践相结合，工作认真负责，注意培养自己的逻辑思维和职业道德，出色完成上级分配的任务。她始终坚持一句格言："不放弃努力本是我的任务，在现有的基础上争取再争取更是我的职责。"作为一枚职场新人，她见贤思齐，虚心向同事学习，不仅学习他们如何运用专业知识处理工作上的事情，而且学习他们的待人接物的态度与方式；同时进行批评与自我批评，做到有错就改，犯过一次的错绝不再犯。在互联网公司工作，新的技术层出不穷，只有不断学习才不会被淘汰；所以在进入职场后，她也会不断学习，吸取各方面的知识，提升自我竞争能力。在以后的职业路上，她会更加明确自己的职业目标，以饱满的热情、坚定的信念去迎接新的挑战，攀登新的高峰。

在生活中，她能以严格的标准要求自己，养成了良好的生活习惯，生活充实而有条理，有严谨的生活态度和良好的生活作风，为人热情大方，诚实守信，乐于助人，拥有自己的良好处事原则，能与同学和睦相处。她积极参加各项课外活动以及各类公益活动，如美化校园、善行一百、关爱老人敬老活动等，从公益活动中得到快乐，服务大众，为社会作贡献。以后，她还要参加各种志愿活动，使自己的生活变得更加丰富多彩，也不断丰富自己的阅历。

大学的时光不留情面地偷偷溜走，没有丝毫的痕迹，**像大雁飞过，像年少轻狂过**。大学作为一段人生璀璨的时光，给她的启发是深远悠长的。这四年的学习生活，使她的知识水平、思想境界、工作潜力等方面都迈上了一个新的台阶。在这即将挥手告别完美大学生活、踏上社会征途的时候，她已经整装待发，将以高度的责任感，信心百倍地将自己的学识和思维运用到未来的工作岗位上。

不负青春时光之辅导员说：

她借助慕课网、菜鸟教程等网站自学更多的计算机专业知识，更好地补充专业课程内容。她初入职场，作为一枚职场新人，虚心向同事请教学习，以最短的时间熟悉适应公司的工作平台，同样不仅学习他们如何运用专业知识处理工作上的事情，而且学习他们待人接物的态度与方式。作为一名初入职场的大学生，如何尽快从学生角色转变为职场人？第一，通过查看企业官网了解企业的文化、制度、架构、环境等；第二，珍惜企业前期培训，深度了解企业文化、工作氛围、工作同事；第三，校友交流，通过辅导员了解入职企业的校友，通过校友的介绍，从公司员工的角度介绍公司状况和工作情况。最终，送给职场新人"积极、主动、沟通"三个关键词，助力新人成为"达人"。

他说：轰轰烈烈，策"码"奔腾

　　他是潮汕人氏，来自潮州市，自我默默秉承"全面发展，竭尽全力，有所专攻，精益求精"的精神火炬，披荆斩棘、矢志不移。一路走来，执愿把握好这青春激扬的活力，去热血拼搏，铸造一段轰轰烈烈、策"码"奔腾般坦荡潇洒的无悔韶华。

　　他在学业上，秉承认真的态度和乐于钻研的精神，往往在课前早一步进入课室，抢占听课效率较高的前三排座位，同时充分利用课余时间对知识进行学习和巩固，竭尽全力，深度学习，迎难而上，不留疑惑；也经常在适当时候，与老师和同学进行知识性、学习性的探讨，以使自己能对知识的理解和运用有更深一层的体会；同时主修课、选修课、体育课、思政课全面发展，在大一学年屡次取得数个科目达到 90 分的成绩，且在大一下学期几乎每个科目都能达到 90 分以上。他志在维持认真谨慎的学习风格，劳逸结合，高效把握好学习生活。

　　另外，身为计算机学院的学子，他在专业知识的学习上也下了一番苦功夫。入学以来，他深刻体会了代码的魅力和计算机编程的思想，日日与"码"为友，策"码"奔腾，在看书、看文档、思考、敲代码的循环中，感受神奇的代码世界，体会其中神秘而精彩璀璨的奥秘。在大一学年的上学期，他初步接触了 ACM 的编程思想和算法的魅力，随即欣然而往，乐之如痴如

雏鹰展翅志高远　用奋斗青春书写大学时光

醉,得闲便对其进行一系列的思考和操练,并且在学校一年一度的校级比赛——C 语言程序设计挑战杯中夺得二等奖。他钟情于移动应用的开发,在大学期间,利用好课余和假期时间,自学了 Java 语言和安卓语言的相关知识,初步进行相关的操作、实践和开发;同时,加入了学院韩老师麾下的移动联盟协会和团队,更深入地了解移动应用开发的企业精神和团队合作的意义,站在团队的肩膀上,放眼行业的现存状况和发展前景,也意求更深入地融入团队,踏着坚定的步伐将技术开发这条道路走得更深、更远,挥舞着键盘和代码,誓将梦想写个明白,不负活力激扬的青春。

他除了在学业和专业的修炼中"竭尽全力,有所专攻,精益求精",也十分注重全面发展,修炼自身的综合素质,在社交和社会实践、文娱、体育锻炼等各方面上都有所成就。

首先在社交和社会实践方面,他乐于助人,喜好结识朋友。 大学期间,通过公益活动、班际交流、社团活动等渠道,他结识了不少知心好友和优秀的师兄师姐,在学校范围内拥有了一定的人脉基础。其中在大一下学期应学校一个外交性社团的邀请,他作为飘雪文学社代表队的一员与学校数个社团联盟,同两位来自德国的同龄大学生进行了为期一天的文化交流,与两位德国友人建立了跨越国际的真挚友情。同时,在大一暑假期间,他应学校潮州同乡会的邀请,在同乡会代表学校举行的新生宣讲会中,同潮州市一百多名新生学子分享了相关的专业概况和学习方法以及技巧。他在诸如此类的活动中,表现非常积极活跃,在不断拓展人脉的同时,也极大增强了自身的社会交往能力。

其次在文娱方面,他也有所建树。他自信持有相对优良的文笔,在大一学年一开始,便抓住机会,起稿一篇渲染着校园色彩的散文并打进了一个省级征文比赛,随后便应比赛其中的一个参办方邀聘,成为蜀江文学网第一届签约作家。此后在大一期间,偶尔灵感迸发,也时常积极起稿投稿。至此时,百度一下他的名字,映入眼帘的即是他的姓名籍贯,以及现就读的大学——北京理工大学珠海学院,同时在搜索结果中,也可以悉数看到他在网站上发表过的作品。同时,他在班级活动、社团活动、思政课社会实践活动中,也经常扮演着写手的角色,在学校计算机科技协会和飘雪文学社的微信公众号中,偶尔也可以看到他撰稿的痕迹。除文笔之外,他还略通音律,能熟练演奏传统竹笛和牧童竖笛，在班级活动、社团活动以及方才说过的文化交流活动中，也常常得到大家的好评。

在综合素质的修行中，他除了在社交和文娱方面上有所成就，在体育锻炼方面上也是有所涉略的。他觉得在计算机这个行业上拼搏，拥有健康的体魄还是十分重要的。

他在大一到大三期间，已然将"全面发展，竭尽全力，有所专攻，精益求精"的自我指导理念贯彻落实到学习生活中，在接下来的征途中，他也执愿矢志不移，全面发展，有所专攻，与"码"为友，策"码"奔腾，继续谱写这轰轰烈烈、激扬而无悔的青春乐章。

不负青春时光之辅导员说：

他以"全面发展，竭尽全力，有所专攻，精益求精"为自我指导的理念，贯穿在整个大学四年。他具有较好的写作能力，在大学也发挥得淋漓尽致，飘雪文学社的参与，以及在各项学生工作和活动的分工，体现了"竭尽全力，有所专攻"。同时，他也注重全面发展，专业学习、团队建设、体育运动等，体现了"全面发展，精益求精"。最终，他有所专攻，与"码"为友，策"码"奔腾。

他说：与北理的故事

凌宇明，原2015级计算机科学与技术专业学生，现就职于珠海高凌信息科技股份有限公司。

光阴似箭，岁月匆匆，自2015年入校以来，他严格要求自己，学习刻苦勤奋，工作主动热情，认真负责，思想积极要求进步，生活勤俭节约，团结同学，热爱集体，积极参与学校组织的各项公益活动。

初到北京理工大学珠海学院，他就像一个刚出生的孩子，没有方向，没有目标，也没有理想，只知道高考完了，可以在大学放松了。本来日子就这样得过且过地混下去，但学校2015年10月的社团纳新季改变了他的人生，从他加入了北京理工大学珠海学院计算机学院自强分社外联部，成为一名外联部的干事开始。

社团篇——与学院自强分社的相遇

学院自强分社是一个以公益活动为主要活动的社团，同时也是他大学开始的一个转折点。他经常参与活动并领导公益活动正常进行，最常参加的活动有弘毅楼的"课桌文明"、明德楼的"机房活动"、知行楼的"速度与知行"、一饭的"美化校园"、官塘的"爱心义教"、每年学校的"迎新活动"和"毕业送活动"等。第一年，通过组织这些公益活动，他感觉自己变得和以前不一样了。以前的他总是埋头学习，两耳不闻窗外事，活在一个人的世界里，但现在他明显感觉自己变得外向了许多，也明白了活着和做人的意义，或许，这就是所谓的成长吧。在这一年里，他总是活跃在各种公益活动中，带领同学们进行学院的公益活动，使学校越来越美，同时也申请并荣获社团"优秀干事"称号。

第二年，他参与竞选自强分社外联部部长并成功竞选，他在带领干事们进行学院日常公益活动的同时，也寻找其他可进行的公益活动，以便服务社会。他曾经到淇澳岛和"淇澳岛义工站"商讨"淇澳岛义教活动"的合作，可惜最后由于其他原因失败了。明德楼的公益活动最初是不固定的，后来他找到了明德楼助理团的负责人，和负责人讨论并商量了明德楼机房的清理活动的细节，才正式有了现在每周的明德楼"机房活动"，可以说他是这个活动的创始人。在担任外联部部长期间，他学习并充分地发挥了他的集体协作能力、组织能力、领导能力和协调能力，是社团得力的干部，也是其他干部学习的榜样，最后他获得了学院的"优秀干部"荣誉称号。

学习篇——越努力越幸福

可能是因为高三的影响，在大学他还是依然努力学习，每堂课都是认认真真地学，为的就是能学到技术，将来到社会工作，做一个有用的人，同时不辜负老师的苦心教导。可是他的成绩并不是很好，一直都是中上水平；但他知道笨鸟先飞的原理，所以他每天比别人早半个小时来到教室学习，多学一点，尽量拉近和学霸的距离，这点是他从高树风老师身上学到的，慢慢地就变成了习惯，习惯之后他发现身边的人也在一点点地变化。比如以前舍友没课的时候一整天都会打游戏，现在也开始拿起书来看了；隔壁宿舍也经常过来问他问题，能够帮助别人解决问题，他觉得很有成就感。在不懈努力之下，他的成绩也开始慢慢提高，每个学期也拿到了奖学金。

生活篇——艰苦朴素、乐观向上

由于家里条件不是很好，所以生活上他比较简朴，平时省吃俭用，除了申请学校的助学金，他还常常在校内校外做兼职，赚点小钱来缓解家里的压力。比如，国庆的时候去圆明新园穿人偶服送气球；也在大街上发过传单；还有一次佛山一所高中来学校参观，他报名参加了这次活动，作为导游带领他们高三文科八班的学生参观学校。但印象最深刻的还是 2017 年在学校 25 栋宿舍楼下的"潮师傅"快餐做兼职，这也是时间最长的一次。每天下课在店里做各种各样的事，有时候还送外卖，店里面的人对他都很好。有时候在店里店外遇到熟人投来异样的眼光，他也丝毫不尴尬，因为他觉得在学习之余赚点钱缓解家里的压力是一件光荣的事情。他也比较喜欢运动，常常和班上其他同学一起打篮球和跑步，并在第八届计算机学院运动会上获得男子组 4×400 米决赛的第三名。

总的来说，他的大学就是一个服务他人和提升自己的过程。在大学的时光里，他从一个内向孤僻的人变成一个外向阳光、有理想、有抱负的人，也找到了自己的方向和目标，就是要成为一个对别人有用、受人尊敬的人。在这四年的大学生活里，他从一个毫无任何工作经验的普通大学生慢慢成长为一个得到老师与同学认可的优秀干部，由幼稚走向成熟，树立了正确的世界观、人生观和价值观，成为一个具有崇高理想的优秀的大学生。四年的大学生活，给了他许多锻炼机会，也让他在实践中取得了一定的成绩，但成绩是属于过去的，明天的路还很长，还需要不断学习。在日后的时光里他会不断充实自己、完善自己，用优异的成绩来回报学校、老师的培育之恩。面对未来，他充满信心，他相信，在他的努力下，他的明天会更好。

不负青春时光之辅导员说：

这里，想要谈一谈"大学生的消费观"。大学时期是大学生树立正确的人生观、价值观、世界观的重要时期，如何引导教育大学生形成正确的人生观、价值观、世界观？ 通过调研了解到，部分大学生仍然存在着从众、攀比、炫耀等取向，漠视环保、道德、安全与维权，消费超前、计划理财意识淡薄，比例失调、重物质轻精神消费等不容忽视的问题，教育引导大学生形成正确的消费观，思想政治教育必不可少。首先通过榜样人物学习、主题班会开展、企业实地实践等方式，借助大学生社会实践环节，让大学生从"学、行、做"中提升自我，树立高尚的人生观和价值观，进而形成合理正确的消费观。

他说：实力和自信才是我进步的源动力

苏浩云，原计算机学院软件工程 3 班学生，曾任计算机学院自强分社宣传部部长。他思想上积极要求进步，性格开朗乐观，学习成绩优良，工作认真务实，为人谦虚坦诚，能够真正为同学起到模范带头作用。大学四年以来，先后获得优秀学生奖学金三次，其中二等奖学金一次、三等奖学金两次，被评为计算机学院"学习标兵"、计算机学院自强分社"优秀干部"、校"优秀团员"等。

他始终坚信"宝剑锋从磨砺出，梅花香自苦寒来"。经过四年的大学生活，在老师们的悉心关怀、孜孜教诲下，在同学们的无私帮助下，无论是思想上还是学习生活上他都取得了很大的进步。北京理工大学珠海学院让他在人生的成长道路上逐渐成熟，同时更加培养了他坚忍不拔、一丝不苟、认真务实的性格，使他对人生有了更加执着的追求和信心！

旗帜鲜明，发挥团员的模范作用

自升入大学以来，他就以一名团员的标准严格要求自己，旗帜鲜明，立场坚定。在思想上积极要求进步，树立了正确的人生观和价值观，自觉履行团员义务，执行团的决议，遵守团的纪律，发挥团员的模范作用，有着良好的道德修养和坚定的政治方向。他更加明白自己的责任，积极、认真学习实践科学发展观，并将其应用到班级工作之中。同时他积极关注时政，时刻牢记要保持自身的先进性，并且在各个方面都严格要求自己，在思想行动上为同学们树立一个良好的榜样，虚心求教，接受同学监督。

认真务实，做班级骨干的排头兵

在工作方面，他始终保持着积极的热情、坚定的信念和强烈的责任心。他从大一入学开始，担任软件工程3班体育委员，同时还曾任计算机学院自强分社宣传部部长，担任过十余次"课桌文明""美化校园""圆明新园"等大型公益活动的负责人，组织超过1 000人参加过公益活动，并保证了活动的顺利进行，多次发表公益活动新闻稿并获得好评。在平时的班级、协会工作中，他认真务实，尽职尽责，踏实肯干，被评为2017—2018计算机学院自强分社"优秀干部"，受到了老师及同学们的一致好评。软件工程3班在他和其他班干部的带领之下，始终保持着优良的班风和学风，受到了学院领导和老师的高度赞扬。

勤于思考，不断提高自己的综合素质

从进入大学起，他一直把学习放在首位，清晰地意识到大学学习的自主性。因此，他始终坚持"今日事，今日毕"的原则，积极投入各门基础课和专业课的学习中，给自己明确学习目标并端正学习态度。课前，认真预习；课上，认真听讲，积极参与；课下，勤于思考，及时高质量地完成老师布置的各项作业。遇到难以解答的问题，他就认真向老师和同学请教，或者直接去图书馆查阅相关资料。在学好课本知识的同时，他还经常参加科技、人文等方面的讲座，不断提高自己的综合素质。由于自己是班级干部，所以他要求自己统筹好学习与工作的关系，时刻提醒并要求自己在开展班级、协会工作的同时要提高学习效率，决不因为班级、协会工作而落下学习。正因为如此，在2017—2018学年他获得两次三等优秀学生奖学金，2018—2019学年他又获得二等优秀学生奖学金和计算机学院"学习标兵"称号。

兴趣广泛，注重团队合作和集体协作

在生活方面，他性格开朗，朴素节俭，严于律己，宽以待人。身为宿舍的一员，又是学生干部，他带头做好宿舍的卫生工作，杜绝一切不良的生活作风。他主动关心同学，善于和同学沟通，也乐于帮助同学，在生活中建立了很好的人际关系，获得了大家的尊重和支持。他拥有积极向上的生活态度和广泛

的兴趣爱好，经常参与一些社会活动，为学院和班级争得荣誉，同时在社会实践和团体协作方面积累了许多经验，形成了较好的组织管理理念，也加强了他自身的团队合作精神与社交能力，更加注重团队合作和集体协作。

四年的大学生活锻造了他坚毅的品格，让他越发沉稳坚强。虽然以后的人生道路还会充满荆棘，但他仍会一路高歌，披荆斩棘，谱写属于自己的美丽人生。今后，他会加倍努力、扬长避短，化成绩和荣誉为动力，继续拼搏，再创佳绩，用实际行动来回报学校领导和老师的信任和期望。成绩只能代表过去，"实力和自信"才是他进步的源动力，他对自己的未来充满希望，他坚信：只要自己不放弃，就一定能获得更加辉煌的成绩。

世界在变，人不改变；时间在走，奋斗不停！他会更加努力地学习和工作，无论是在学习上，还是生活上、工作上都会更上一层楼，做一个有理想、有道德、有文化、有毅力、守纪律、对社会有益的人！

不负青春时光之辅导员说：

他的大学生活里有艰辛和苦楚，但更多的是汗水和欢笑，他在不断挖掘自己的潜能，让自己得到全面的锻炼，在不断充实、完善自己，用青春描绘着梦想，用努力和拼搏续写着人生的华美篇章。"身为宿舍的一员，又是学生干部，他带头做好宿舍的卫生工作"，大学宿舍矛盾也是辅导员经常处理的问题，如何能够引导从五湖四海到来的学生，形成和谐共处、积极向上的宿舍氛围？ 这里分享一个"602"的真实故事：笔者所在学院2015级学生毕业时，她们在整理宿舍准备离开的那一晚，在宿舍的角落里发现了一封信，这封信是上一届居住在这间宿舍的成员写给"她们"的，信中分享了她们四人共处的美好时光和心得，以及对602这间宿舍的感情，希望进入602宿舍的"她们"能够相亲相爱，并把这封信继续传承下一届的"她们"。在这里，给出大学和谐宿舍氛围营造的三个锦囊：共识、共享、共建。如何有效化解宿舍冲突？ 三个关键字：稳、换、通。

她说：兴趣是最好的老师

邱丹霞，原 2015 级软件工程 3 班学生，2019 届优秀毕业生。在校期间她曾多次获得优秀奖学金，其中一等奖学金一次、二等奖学金三次、三等奖学金一次；获得泛珠三角+"中星杯"大学生计算机作品赛广东省高校校内选拔赛计算机作品赛二等奖，"华资杯"广东省大学生计算机作品赛暨泛珠三角+大学生计算机作品赛广东赛区选拔赛（本科组）三等奖；2017 年度获得"优秀学生"荣誉称号。

时间飞快地流逝，回头看时，已经快过去了四年。她还记得大一新生报到，刚踏进北京理工大学珠海学院校门时的那一抹笑容。现在再踏进校门，人还是一样的人，笑容却多了一种让人说不清的情绪，似不舍，又似愁。

初入校园，确立方向

她还记得大一的时候，由于之前读高中时，每天固定地看书背书做习题，而不需要去考虑其他太多的东西，突然到了大学，要自己安排、自己规划，便安于现状。学业上，她上课认真听讲，课后按时完成老师布置的作业，一切按部就班。为了快速融入大学生活、多接触一些未了解过的领域知识，她在社团面试后，进入了大学生艺术团，开启了大学的社团生活。在大一很长的一段时间里，她慢慢学会合理安排学业和社团的时间，培养遇事不乱、学会思考的处事风格。

大一学年过去后，学业上虽未获得优秀学生奖学金，但她通过咨询老师，认识到了自己在学业上的不足和需要改进的地方。她那时候便明白，在大学，知识的获取不再是仅依赖课堂上老师的授课和课下老师的作业安排，自己应该主动去分配学习时间，用空闲时间充实自己，对于自己的知识短板，则应查漏补缺。社团里，她积极配合师兄师姐，完成安排好的工作量，在大一学年结束时，她获得了"优秀干事"称号。大一结束后，她给了自己一个座右铭：找到最适合自己的，兴趣是最大的老师。

砥砺前行，深入探索

大二时，在学习上，她除了提前预习老师将在下节课讲解的内容，课后，则是及时地温书，每周花一定的时间去图书馆，看一些专业书或课外书，开阔自己的眼界。为了培养自己的沟通交流能力，她在社团的部长竞选中，竞选了部门的副部长，最终通过了团长和面试官的认可，在担任该职位时，她主要负责部门的文案工作和活动组织。

大二第二学期时，一次巧妙的缘分使她和班上的两位同学组队参加了学校计算机学院举办的计算机比赛。通过使用在课堂上学习的安卓知识，以日常生活中遇到的上厕所难题为切入点，开发了一个找厕所App，并在该比赛中荣获了校赛二等奖、省赛三等奖。这是她进入大学以来，真正意义上把学到的知识和技术应用于解决实际问题，其中，她体会到了通过自己的能力来获取劳动成果的感觉以及知识带来的成就感。开发一个理想的App，以兴趣为主要动力，会是成功的一半。

努力上进，全面发展

大二学年，在学业上她获得了优秀学生三等、二等奖学金，这对她一年来的学习给予了一定的鼓励和肯定。与此同时，她也申请并荣获"优秀学生"称号。在这一年里，她通过自己的学习情况选择适合自己的学习方式。

大三时，考虑到大四实习的话将进入社会生活，她便去找了一份麦当劳的兼职，提前感受工作氛围。为了不耽误学业，她把以往个人的休息时长进行了压缩，合理地协调学习和兼职两者的时间安排。一段时间下来，她感受颇深，兼职时，会有学习生活从未有过的压力，得学会跟经理、同事相处，同时不能落下学业。

学业上，她开始探索自己的学习方向，同时，她还向老师、师兄师姐和同届同学虚心求教，询问了专业方向、职业发展等问题，并参加一些求职讲座，寻找适合自己的工作方向。经过一段时间的了解，她决定认真学好前端方向，为大四求职打好基础。

在这一年里，在学业上，她获得了两次优秀学生二等奖学金，与此同时，她也荣获"优秀学生"称号。对于大学该不该兼职的看法，她切身体会到，兼职并不会影响学习，主要看个人怎么合理地安排，遇到学习和兼职冲突时学会跟经理沟通。

大学毕业，来日可期

大四是大学的最后一年，也是大学里很关键的一年。为了提高自己的前端开发能力，她开始钻研这几年的前端框架，通过查阅资料，她对 VUE 框架产生了浓厚的兴趣，决定先学会该框架。在第一学期上课的同时，她自学 VUE 前端框架，并自己做小 Demo，从而把学到的知识应用于实践。

实习方面，在经历了一个月左右的多次面试后，她通过了一个公司的前端实习生岗位的面试，开启了她的实习生活。上班时，她时刻要求自己，严于律己，坚持做到不迟到，认真地按时完成组长安排的任务。下班后，她通过阅读书籍、上网查阅资料等方式，对上班时遇到的新知识点和难点进行深入学习。

不负青春时光之辅导员说：

时间	阶段	特征	规划任务	策略指导
大一	探索期	1. 新环境的冲击； 2. 学习和生活方式的改变； 3. 人际关系的复杂化	1. 尽快熟悉新的环境； 2. 适应新的学习和生活方式； 3. 融入新的集体中	1. 向老师和前辈同学请教； 2. 有选择性地参加社团活动； 3. 尽快熟悉本专业的相关情况； 4. 开始接触、进行职业规划

续表

时间	阶段	特 征	规划任务	策略指导
大二	定向期	1. 环境已经熟悉,但对未来依然迷茫; 2. 有了相对稳定的交际圈子	1. 探寻自我最佳道路,确定合适的定位; 2. 制订能力提升计划	1. 全面分析自身特点; 2. 明确自己的兴趣和目标; 3. 学会放弃,以专注于目标
大三	准备期	1. 开始专注于自己的目标; 2. 专业课的学习进入深化阶段; 3. 开始反思自己的道路,并进行调整	1. 在不断实践中深化对自己的认识; 2. 有意识地进行能力和经验积累; 3. 进一步思考自己的人生道路	1. 主动积极地投入学习和生活; 2. 学会科学合理地安排时间; 3. 在行动中反思; 4. 抓住突破性机会
大四	抉择期	1. 面对抉择时,既有憧憬又有担心; 2. 对未来的思考更加现实而理性化	1. 实现自己一直为之努力的目标; 2. 进一步明确自己的人生选择	1. 充分利用各种渠道收集信息; 2. 学习各种技巧(面试、简历); 3. 调整心态,以开朗而积极的心态去迎接挑战

他说：勤奋的人总会有回报

许志淳，原2015级软件工程1班学生。在校期间他曾获得优秀学生二等奖学金五次，优秀学生一等奖学金一次，优秀学生特等奖学金一次，国家励志奖学金一次，光大奖学金一次，现从事Java后端开发工作。

他来自广东省茂名市电白区，这是一个山清水秀的地方。2015年他考上北京理工大学珠海学院，这意味着他将要开启另一段崭新的人生。他选择计算机学院软件工程专业，因为他对编程充满着好奇和热爱，他所有辛勤和汗水将要全部投入这个发展迅速的专业中。

进入学校他就遇到了很多优秀的师兄师姐，听他们讲自己的学习和生活，在他们的熏陶下，他开始发愤图强，以往的懒惰在这个崭新的生活里将要彻底地改掉。他暗暗下定决心，他要通过自己的努力成为一名优秀的毕业生。他相信，勤奋的人总会得到回报。

刚刚进入大一的他感到很迷茫，作为高中和大学的过渡期，他扛了过来，成功融入大学生活中。在师兄师姐的引导下，他意识到大学不仅仅是学习，还要参加更多课堂以外的实践活动，每次活动将会学到新的知识和交到更多的朋友。他加入计算机学院团总支学生会，在这里他结交了一群活泼又勤奋的小伙伴，他们用自己的努力搭建起一个温馨团结的大家庭，这让他对大学生活更加期待。

大二，他担任了软件工程专业辅导员助理兼计算机学院事务中心副主任，忙碌的生活即将开启。面对繁重的学业和繁忙的工作他不得不督促自己要更加勤奋，不然将会被打倒。担任更多的工作使他能服务更多的同学，帮助他们排忧解难，同时也建立他们的友谊，繁忙的工作中他也感受到了很多快乐。

转眼大三，课程相对大二少了很多。为了使自己得到更多的锻炼，他担任了 2017 级软件工程 1 班学生班主任助理。看到一个个天真活泼的脸蛋，他想起了自己大一的生活，他知道大一是个很重要的时期，他以自己的经历作为教材，引导大一新生要合理安排自己的学习和生活，大学不像高中，学习跟结交良友都是非常重要的，二者都能为自己走出社会奠定扎实的基础。他尽心尽力帮助他们，如今他们已经进入大二，他们的成长告诉他，他的付出是没有白费的。

现在他已经是一个即将毕业的大四学生了，这意味着大学生活即将结束，要好好珍惜剩余的大学生活。

当他选择了软件工程这个专业，他知道自己将会变得非常繁忙，每天面对多种语言的代码，经常熬夜写程序，但是每次完成一个程序都会非常有成就感。这么繁重的学业若没有勤奋务实的品质，那么时刻都会使人崩溃。从零开始学习编程的他不断利用空闲时间自学，终于掌握了 C 语言、Java 等编程语言，他不断向优秀的同学学习，虚心向他们请教，因此他的学业进步很快，大学三年以来他参评了五次优秀学生奖学金，获得一次一等奖学金，四次二等奖学金。他相信这是他的勤奋的回报，懒懒散散将会使他逐渐被埋没，最终碌碌无为。目前处于大四的他不会懒散，因为科技时代发展迅速，需要人们学习更多的新知识，掌握更多的知识才能在新时代中找到自己的位置。

从一个懵懂的高中生到一个成熟的大学生，这是一个进步的过程，这也说明你在大学中学会了生活和学习。各种社团活动的历练也会使你变得更加坚强，结交良师益友使你的大学生活多姿多彩，积极向党组织靠拢，不断提高自己的思想领悟会使你感受到服务群众的快乐。坚持勤奋务实的品质，向着自己的理想不断奋进，总有一天你能享受到成功的喜悦。

雏鹰展翅志高远　　用奋斗青春书写大学时光

他相信，勤奋的人总会得到回报。

不负青春时光之辅导员说：

勤奋的人总会得到回报。当你认真对待生活，生活同样会给你带来回报。这里，我们谈谈大学生入党的那些事儿。

入党是我们有志青年的一种政治追求。这种追求的思想起点就是入党动机，只有起点的方向正确，我们的追求最后才能到达理想的彼岸。在追求入党的结果上，我们要实现两个目标：我们不仅要实现在组织上入党，而且更重要的是要实现在思想上入党。追求入党本身就是一种进步、一种过程，就是一种境界。这种进步，体现在你的学习、生活、工作中，也体现在你的思想、纪律、作风中；这种过程，贯穿于你的不断挑战自我、完善自我、超越自我的成长进步中；这种境界，来自你对党的正确认识，来自你对党的组织忠诚，来自你对党和人民的贡献！因此，青年大学生积极要求入党，必须端正入党动机，要严格按照党员标准要求自己，不断提高自己的综合素质和实践能力，不断接受组织的考验。

他说：大学的梦想与实现

张润锴，原计算机学院 2017 级学生。他没有想到自己能够坚持 ACM 到大四的第二学期；他没有想到自己经历了与师兄、同学、师弟三次组队参加比赛；他还在想初进大学时，在计算机科学概论课程的某一节课中，任课老师提及 ACM 大赛的赛况和难度，以及本校师兄在赛场上的拼搏与战绩，给当时的他留下了非常深刻的记忆，在他的心中播下了一颗想当 ACMer（参加 ACM 的选手）的种子；他至今都在感慨，对于在编程学习寸步难行的他，对于大学前从未接触过电脑的他，怎么敢幻想成为学校的 ACM 队员，去代表学校参加比赛？

他心中一直有这样一个声音——"我要加入 ACM"，这也是梦想的力量。他开始打探 ACM 协会的报名流程。在志愿者师兄的帮助下，他成功联系到一位师兄。得知程序设计基础协会（简称"程基"）每周五会开展算法小课堂后（简称"程基小课堂"），他兴奋极了，听到了心中那粒种子"破土而出"的声音。于是，那一周的星期五他就前去听课。但是对于当时的他，编程能力太弱了，况且程基小课堂已开展过数次课，他几乎听不明白。一堂课停下来，他如在迷雾中失去了方向，认为在大学想加入 ACM 团队过于困难。但他也没有放弃，在师兄的指导下，在杭州电子科技大学的 OJ（在线评测系统）上开始了他的做题之旅。起初困难

雏鹰展翅志高远 用奋斗青春书写大学时光

重重，加上当时他不太敢麻烦师兄解答问题，就一直自己思考和百度查询题目的解析。终于，在大一的C语言程序设计挑战杯中，他做出了一道题目，拿了三等奖。虽说排名特别靠后，但是至少可以凭借这个奖项进入程基，距离ACM近了一大步！但是，师兄给当时的参赛者出了一道难题，让他们算出7亿以内有多少个质数，只有算出来才能正式加入程基。他没有查询任何资料，用了一个星期的时间优化自己的代码，最终的程序跑了36小时才算出答案，成功进入程基！

在大二的第二学期，他每周都去听程基小课堂，自己看书学习算法，花了一个月才看懂深搜。在5月份的ACM-ICPC的校内选拔赛上，他又获得三等奖，虽然在获奖的排名中是属于倒数行列的，但是这一场比赛，为他打开了ACM暑假集训的大门。

在ACM暑假集训的一个月，是他大学中最"痛苦"的时刻。首先就是能力差距大，其他人编程能力都比他好，而他的编程能力属于倒数。其次就是学习差距大，很多人都能听完课后就大概理解了算法，而他却听得云里雾里的，需要花很长时间去消化。再就是压力特别大，早上九点开始，训练到晚上九点半，周末也没有休息时间，从早上开始想算法、敲代码，直到晚上九点半回去，整个人就像虚脱了一样。所以他那一个月特别疲惫、焦虑、压抑，经常会想着放弃，放弃ACM暑假集训回家好好休息。数十次的退出想法都被他憋回去。终于在崩溃之前，他结束了集训，并且在集训的最后一场练习赛中拿到了第一名的好成绩。

集训结束回家后，他偶尔也会敲一敲代码、刷一刷算法题，切身感受到经过暑假集训的魔鬼式训练后编程能力的提高。

从大二开始，他的算法生涯似乎开始顺利起来。参加蓝桥杯校内选拔赛得到第四名（2017级最高排名），因此得到师兄的认可，让他去测C语言程序设计挑战杯的题目质量（唯一一个测题人）。在大二的下学期参加天梯赛得到省三的成绩（2017级排名第二）、蓝桥杯省赛得到二等奖、ACM-ICPC校内选拔赛得到一等奖，顺利成为ACM一队的成员。

因为某些原因他没有参加5月份的CCPC广东省赛，因此他自发组织去参加江西省赛，在江西省赛中他本可以拿到铜牌，但因为是省外队伍，所以无法拿到奖牌。在暑假中，他跟ACM的师兄有多次密切的交流，得到很大的启发，每一天除了教师弟算法，就是疯狂地学习算法。除了 6 小时的睡觉时间，其他时间基本在电脑前。那一段时间，他在精神以及能力上得到了充分的满足，开始在团队中担任顶梁柱。

在大三上学期，他得到了去银川参加 ICPC 亚洲区域赛的资格，但因为他的失误，两道原本他可以做出来的题目，一直做不出，导致他们丢失银铜奖，无奖而归。这件事情让他特别难受，回学校后更加疯狂学算法，每天都熬夜到三四点，也因此开始长了白发。他在期待着大三下学期的 CCPC 省赛上，能给学校再拿一块奖牌。

他一直相信事在人为，但是疫情打碎了他的一切计划。他坚持学算法到大三下学期 4 月份，学校回不去，也没有接到关于广东省赛主办方的通知。准备了接近一年，却无法参赛，心灰意冷下，他不得不考虑实习的事情，万般无奈，只能先放下算法，学习开发相关的技能，从而结束了他的算法学习之路。

但是算法的功底还在。大四上学期，因为念念不忘算法赛场，他又继续参加了天梯赛以及蓝桥杯，带领北理珠一队拿到了天梯赛全国铜奖、广东省铜奖，斩获了全国个人三等奖，在蓝桥杯拿到了校内选拔赛一等奖、广东省一等奖、全国二等奖的成绩。

在大学中，他一直在追求算法，渴望着能站在 ACM 的最高峰。但，功不成身已退，却又无怨无悔。至少在此过程，他的大学生活多了很多的欢乐以及成就，他懂了如何建立自己的目标以及梦想，并不断去追寻，即使结果不如自己所愿，也没有遗憾。扎实的专业基础，使他获得不少公司的青睐；手上多个 Offer，他选择自己喜爱的岗位，努力奋斗，继续"码"不停蹄。

不负青春时光之辅导员说：

在他的大学生活中，ACM 比赛和训练贯穿了整整四年。从入学的小白，到成为 ACM 比赛的核心队员，一直坚持训练，带领团队练习。"除了 6 小时的睡觉时间，其他时间基本在电脑前"，因此获得了赛事上的硕果累累和毕业时期的自由选择。这应该就是大学生的样子，投入、专注到自己的专业学习和兴趣上，美好的时光是需要用在提升自我和发挥自身价值上的。

他说：以梦为马，不负韶华

王浩，原计算机学院 2017 级学生，曾任学院科技协会会长。转眼间，他已经是一名大四的学生了。回想三年前刚踏进校园时，他就对各种事情抱有积极、认真的态度。他认为，大学的生活多姿多彩，不要为自己的人生设限，每个人的选择不同，造就不一样的"大学四年"，而选择没有对错，只有值不值得；如何度过能让自己未来值得回忆的大学生活，才是应该思考和行动的方向。在大一时，他就给自己定下目标，他要在大学找到自己喜欢的方向，坚持去实现。

大一时，通过课程的学习，他对自己所学的专业产生了浓厚的兴趣。因为喜爱，而努力去做得更好。在过去的三个学年，他一直勤奋刻苦，努力地钻研学习。除了课堂上认真听讲，他还会在课外上网自学学校接触不到的课程。

除了专业知识，他还喜欢运动、摄影，闲暇时间会去学习一些摄影小技巧以及做一些练习。他认为大学里的学习不应局限于专业课程的学习，还应该在适合自己发展的领域多加探索。

他非常喜欢质变量变规律中的一句阐述："没有量变的积累，就没有质变的发生。"人生总是需要改变与蜕变，于他而言，大学校园实践经历给了他生长的空间，无论是担任各种各样的角色，还是参加各种类型的比赛，都渐渐地让他变得更加自信；而每一种经历都让他不断沉淀、积累，更了解自己，找到自己的价值。

他在大学里最宝贵的经历是担任了计算机学院科技协会主席。大一时，他就了解到计算机学院科技协会是一个学术型社团，所以在大一下学期开始招新就提交了报名表，通过筛选进入了科技协会。其间他认真工作，并且在刘丽辅导员和上一届主席的支持与鼓励之下，他在大三期间担任主席一职。作为社团的主席，他需要负责公众号每一篇推送的审核、大部分推送的撰写，除此之外还需要负责活动策划、会场的布置、部门工作的分工、节假日海报设计。他参与策划了校级院级大大小小活动近 10 场，像 2019 广东省大学生设计大赛和疫情期间的 2020 年广东省大学生设计大赛线上校内选拔赛。这些组织策划活动的经历让他收获了很多，处理事情更加成熟和全面。在社团的这些经历也对他的求职道路有了很好的支撑。

2019 年暑假，他十分有幸地参与了团委举办的社会实践活动，跟随航空学院"脱贫攻坚"实践队前往广东省阳春市三甲镇进行社会实践活动，本次社会实践活动中，他受益良多。在科普支教中，他更加深入地理解扶贫与扶智之间的关系，在课堂中更好地传播科普知识，使航空知识更好地走进大家的生活而不再遥远。通过对各党员的采访沟通，极大提高实践队

雏鹰展翅志高远　用奋斗青春书写大学时光

伍内党员以及入党积极分子的党性修养及工作积极性，为社会奉献出自己的一份力量。走进如今焕然一新的三圩村开展实践活动，他感受到了国家精准扶贫政策的巨大作用。脱贫攻坚战，他也在行动！献出自己的一份力量。他愿人们都能捐出一份爱心，奉献一片真情，用自己的力量播撒正能量，传递爱。

他在大学的前三年考取了一些证书，在选择考证类型的时候，他结合自身的职业规划做选择，不盲从，不随大流而考证，而是选择适合自己的证书进行报考。他认为，对于学习计算机类专业的学生而言，是以项目经验和编程能力作为能力高低的衡量标准的。

在小径分岔的花园里，每一条路都有独特的风景，根本无法像跑道一样简单地拼出输赢。他理解中的"成功"，并不是比别人成功，而是找到自己喜欢且擅长的事情，按自己喜欢的方式安排自己的人生。他十分幸运，能在大学期间找到了自己的兴趣、特长所在，找到自己的梦想。

梦想，不是挂在嘴边炫耀的空气，而是需要认真实践的。大学给了大学生很多的平台去实现自身的价值，然而每一种"得到"都需要足够的筹码去换取。在接下来，他会继续用努力、用勇敢去坚持自己的梦想，会更深入地学习知识，进行研究，以梦为马，不负韶华。

不负青春时光之辅导员说:

适合——选择适合自己的去准备,造就不一样的大学生活。每个刚入校的大学新生,对于大学四年都应该有憧憬,如何度过这青春最美好的四年时光?第一步调查,通过学校网站去了解历届优秀师兄师姐的经历,制作自己的大学四年人物清单;第二步自审,向内探索,结合自己的实际情况,哪些是适合你的,哪些是你能够去做的;第三步实践,向外探索,去实践去检验提升自我。以梦为马,不负韶华,用行动去撰写自己大学四年的故事。

她是谁？她是校五四优秀团支部团支书

黄华娜，原计算机学院 2017 级软件工程 4 班学生，广东梅州人。进入大学后，她一开始不太适应大学生活。这里和高中的学习生活相比，拥有更多自由的时间，但是没有家长、老师在身边督促，在从学生角色转变为工作者角色的过程中，需要自觉性。这四年，是让她难忘的美好时光，也是让她成长的珍贵时光。

她的大一： 经历了新生教育中的"百团大战"，她加入了海

贝 TV 和团学生会学习部。作为一名学生干部，她积极参与各种活动，在学习部主要负责奖学金的评定和学风监察，在这里她认识了很多可爱的人，觉得很幸运也很荣幸加入了学习部。在海贝 TV 这个大社团，她学到的更多是技能，提升自己的技能，如：文本的写作、文案的编辑，要怎么样写，文章才流畅，语言才优美。当然，社团任务还是有点多的，她一直告诉自己"事有轻重缓急"，对于每天要做的事，她会一一列下来，对重要的事情进行排序。同样，对于社团的任务，她尽己力，做己事，努力尽善尽美地完成任务。在参与活动的同时，成绩也不能落下。她来到学校接触的第一门语言技术性课程是 C 语言，这个领域对她来说是比较陌生的，对于老师布置的作业，她完成得很慢。但她始终相信，不付出，是没有回报的，因此她去相关的学习网站看视频，从百度上找一些经典的题目来做。后来，她渐渐地跟上了学习的脚步，并在第一学期获得了二等奖学金。人的精力是有限的，此时她认为自己的成绩还是没有达到心中的目标。大一，就在各种社团活动和学习中度过了。

她的大二：担任班级团支部书记，需要将团总支工作任务等要求通知到位并协助完成相关的工作，完成日常团务工作，如团员档案管理、缴纳团费、团员组织关系的转入转出、入党积极分子的发展工作和督促大家进行青年大学习。在任期间，按照团支部的要求，她举办过"活力在基层"活动，并且连续几年获得"五四优秀团支部"称号。在大二时间，班级和团支部的事情还是稍微有点多的，但是她会在学习和工作中找平衡。对于她来说，每一个身份，就是一种责任，这种责任感，让她对各项工作有一种使命感。对于同学们的疑问，她会耐心解答。每到期末，她还会整理出复习资料供大家复习，争取让大家取得好成绩。在这种氛围下，4 班同学普遍取得了较满意的成绩，她所在的班级获得了"优良学风班"称号。这更加坚定了她对班级的付出，让她知道了什么叫荣辱与共、什么是集体荣誉感。

她的大三：成为 2019 级计算机类 6 班的班助，严格贯彻执行上机安排，做好各项工作，带领新生熟悉学校和生活；辅助辅导员、班主任管理新生，做好班级工作规划，进行班干部之间的选拔和评优，并在学期期末做好工作总结；成功组织了一日一夜的班级"轰趴"，促进新生之间的交流。除了是软 4 班的一分子，她还是 2019 级计算机类 6 班的一分子，这个身份，让她体验到了当老师的感觉，体会到了他们对调皮学生的无奈，对她实在是一种全新的体验。

她知道自己的学费对于家庭来说是个负担，所以会在寒暑假、平时课余时间尽量做兼职，减轻家庭的压力。发传单、推销、餐馆服务员、家教……这些兼职她都做过，既体验过在炎热的太阳下发传单的苦，也体验过推销员四处奔波的不易，更加知道服务人员的卑微。这些经历，磨砺着她，使她成为自己心目中的自胜者。让她最自豪的事情就是大学四年，她所有的生活费都是靠自己挣来的。

除了兼职，她还积极做公益，倒不是单纯地为了公益积分，只是想尽自己的一份力。在高中的时候，她跟着学校团队去了敬老院，自从那次以后，她发现帮助别人，真的是一件很快乐的事。所以上大学的她也会尽力去做一些公益，并且在以后的生活中还会继续做公益。

她的大四：在这一年里，她先后有过两份实习工作，第一份实习工作是在珠海金山办公软件担任软件测试工程师，第二份实习工作是在珠海伟成做软件开发。这两份实习工作算是她从大学踏入社会的过渡性工作，在这两份实习工作中她学到了很多，也对以后的工作有了一个较为详尽的计划，使得自己的人生有了目标。大学毕业仅仅是大学生人生阶段中的一个暂时性的结局，并不等于以后的大学生还局限在这里，踏入社会的她未来一定会更加出色。

不负青春时光之辅导员说：

她对自己有清晰的大学生涯规划，担任班级团支书、低年级班主任助理等，能够兼顾好学习和工作。结合她的大学经历，我想谈一谈有效的时间管理。让学习、工作和日常生活和谐相处，可以借助"饼图"——好用的规划小工具。以时间管理为例，如果学生希望能够提高每天的时间效率，可以把一天作为一个整体，将自己目前的时间分配情况和理想的状态分别用两个饼图表现出来。通过显示和理想状态的对比，学生可以对每天学习、生活、工作、娱乐、休闲、交际等方面的安排有清晰的感知，能够促使自己调整状态和细化安排，更有效地管理时间。

工作案例：助力珠海生态文明建设环保活动系列之"圆明新园保洁"

一、基本理念

众所周知，习近平总书记所作的十九大报告，不仅为中华民族伟大复兴的中国梦描绘了一幅宏伟蓝图，而且为实现这一蓝图提出了一系列新思想、新论断、新提法、新举措。作为中国梦的一个重要组成部分，"美丽中国"的生态文明建设目标在党的十八大第一次被写进了报告。经过五年气势磅礴的伟大实践之后，尤其是中国特色社会主义进入了新时代的今天，我国生态文明建设在理论思考和实践举措上均有了重大创新。并且十九大报告对我国未来生态文明建设和绿色发展都做了详细的规划，预示着我国生态文明建设和绿色发展将迎来新的战略机遇。生态文明是"五位一体"总布局的重要组成部分，对我国全面建成小康社会，建设社会主义现代化国家，实现中国梦有极其重要的意义。新时代生态文明建设仍然是一项系统工程，需要更广范围、更深程度、更高质量地推进生态文明建设。绿色发展作为"五大发展理念"之一，是摒弃传统粗放型发展模式，在生态观基础上形成的以效率、和谐、持续为目标的社会发展方式之一。绿色发展贯穿于经济、政治、文化、社会、生态五方面的建设中，是将这五个方面融为一体的一种全方位的、全新的发展方式。生态文明建设是推进绿色发展的核心组成部分，建设生态文明必须秉承绿色发展理念，实施绿色发展举措，必须尊重自然、顺应自然、保护自然，顺应经济与环境协调发展的现实需要。经济发展离不开资源环境等生产要素的有力保障，只有尊重自然、顺应自然、保护自然，才能有效维护经济发展与资源环境及生态系统的平衡，使经济建设能在良性循环下，源源不断地获得资源环境的有效供给，实现可持续发展。而作为大学生的我们，是国家未来命运的关键之一，我们也许不能改变所有人的环保观念，但是我们可以在我们现有的条件基础之上做力所能及的事，宣传也好，行动也罢，我们尽自己最大的努力告诉大家，作为大学生的我们不会拖国家的后腿，我们也在努力着，积极响应着国家号召，发挥一名大学生的影响力，用心推动另外一颗心，用信念推送另外一个信念。

二、解决问题

环境问题不是一个单一的社会问题，它是与人类社会的政治经济发展紧密相关的。我们国家现也在积极解决这个问题，推出的有关生态文明建设的法规正在各领域起着作用。依据党的十九大报告，生态环境质量实现根本好转，美丽中国目标基本实现的时间节点是2035年。然而，在辉煌成就之下存在的问题我们还是不能忽视，"生态文明建设"六字重点是在"建设"，那么建设的主体是什么？ 谁来建设这个主体？ 很显然，主体是环境，建设环境的是人类，这个人类，不是仅仅指领导我们的政治家，也不仅仅是指富有的企业家，而是指这世界千千万万的普通人，环保的理念不应该只灌输到企业中去，而要渗透到家家户户、老老少少。我们都知道，中国环保价值链，在整个国民经济中具有显赫的地位，环境污染问题、国民素质问题，在发展国民经济建设时是不可懈怠和轻视的；提升环保的政策力度，加大环保宣传，警示人们提升自身素质，从而更好地采取治理和应对突发环境事故，是当前急迫的任务。众所周知，国民素质是彰显一个大国风度的关键，国民素质提高也是时代在进步的表现，而我们在做的事情，就是要不断提醒大家注意自身素质，提醒大家我们的国家在进步，我们作为大学生在响应着国家的号召。如今的中国，加大力度建设生态文明固然是好的，但是欲速则不达，国民的素质不是一天一周一月就能提高的，想要真正做到生态文明，科学环保理念必须一点一点渗透到老百姓生活中去。当下的社会，环保宣传的标语随处可见，保护环境的活动也数不胜数，但是，真正一直做下去并且有一定影响力的屈指可数，而学院现在做的圆明新保洁开办已经三年了，加上与香洲义工的合作，在珠海各景点设立公益点，服务珠海各大景点。

三、预期目标

刚开始举办这个活动，一方面是看到了旅游景点环境的诸多问题，另一方面是为了响应国家生态文明建设的号召，希望作为大学生的我们能为这个社会做点什么，从自身做起，从身边践行，服务社会。后来我们发现垃圾是永远也捡不完的，你可以捡了今天的垃圾，可是明天的呢？后天的呢？我们发现我们一味地清理垃圾是没有用的，因为爱丢垃圾这个坏习惯是根植于人们心中的一块"巨型垃圾"，不把这块垃圾清理掉，那么何来永远的净土？于是我们把清理垃圾的目的改成了辅助，我们把重心放在宣传上面，希望通过一个弯腰的动作、一声响亮的口号提醒人们的公德心，希望借此来促进国家的环保事业。也许有人可能觉得我们是异想天开，一个小小的活动怎么去促进国家的环保事业？但是别忘了古训有"积少成多""水滴石穿"，做大事的前提难道不是要从小事做起吗？

四、活动过程

助力珠海生态文明建设环保活动系列之"圆明新园保洁"，是北京理工大学珠海学院计算机学院自强分社与珠海市香洲义工团队合作的。在活动前由我们的公益负责人与香洲义工负责人进行沟通，共同沟通活动开展的时间、活动限制人数、活动所需物资以及活动整体安排，商量好后将具体数据交由公益部的负责人。由宣传部进行活动宣传以及活动摄影，组织部负责活动人员安排，最后由公益部负责在学校公益系统上发布活动相关信息，进行人员招纳。招到足够的志愿者后，带领大家到圆明新园提前约定的地点与香洲义工进行工作交接，分发物资。拿到工具后我们会分开两三个小组进行环园清理、烟头、纸屑、果皮都是消灭的对象，经过游客多的地方会喊出我们的宣传口号："垃圾不乱扔，美丽由心生，人人讲卫生，处处好风景。"这样做的目的一方面为圆明新园的环境出了我们的微薄之力，另一方面让大家感受到了我们珠海市响应国家号召的决心，而且也提醒大家不要随意破坏环境，呼唤民众的环保意识。在清理过程中，我们会接收到各种反馈，会听到带孩子出来玩的妈妈跟自己的孩子说："宝宝，你看这些哥哥姐姐多环保呀，你以后可不能乱丢垃圾，要多向哥哥姐姐学习。"会听到外地来的游客大声称赞道："瞧这珠海，果然是文明城市，环保意识课真高呀。"这些称赞的声音便是对我们活动的最大肯定。清理的时间持续三个小时。活动结束前，我们会剩下半个小时让志愿者们做今天公益活动内容的总结，每个志愿者会先介绍自己为什么会参加此次公益活动，然后对今天活动发表自己的感想。这是让志愿者们能够交流对公益的看法，以及分享彼此对环保公益的建议，这样不仅可以令我们的活动举行得一次比一次好，而且也团结了大家，让大家更加热爱公益，热爱这个社会、热爱这个国家。

五、经验反思

这个活动我们已经举办了多次，每次活动我们都会做一次活动分析，根据以往举办的情况我们知道这个活动目前还存在一些不足。我们考虑过这个活动是否还可以加点内容，如何去提高活动的影响力也是我们需要努力的方向，如何更加贴切地贯彻环保理念，把我们活动想要表达的内容传达给民众也是我们需要仔细探讨的重点。同时，我们通过这个活动也看到了现在社会对于环保的迫切需求。不管是景区，还是街道、社区，我们生活的每一个角落都是需要我们去维护的，但是志愿者不是存在于每一个角落的，不会有人时时刻刻跟在那些肆意破坏环境的人的身后为他们的行为买单。其实近几年，经济发展比我们领先几十年的一些发达国家，已经逐渐尝到了为发展经济而肆意破坏环境的恶果，开始重拾文化道德了；而反观我们自己，可能由于各种历史缘故，在过去几十年中，大多数人把许多西方文化开始逐步抛弃的糟粕，当宝贝一样继承了过来，反而把自己最宝贵的传统文化的精华部分，弃之如敝屣，直到近几年，**雾霾**等灾害性天气几乎变成常态了，才开始有越来越多的人关注环境问题。正像某位企业家在中国企业家论坛的一次演讲中说的那样："你们特权阶级有钱有权，有特供的水，特供的蔬菜，特供的粮食等等，那你们有不含雾霾的特供空气吗？ 你们回到家，会不会面临老婆孩子的抱怨呢？"通过许多类似的言论，我们欣慰地看到，从普通民众到企业家，到政府公职人员，都开始了反思，中国社会的意识形态正在发生着变化！

众所周知，现在我们的环境已经恶化到危机四伏的地步，"绿水青山就是金山银山"的宣传标语遍布每个城市，希望我们一起努力，创造中国美好的未来！

工作案例:"小老师"义务课堂
——公益+专业,你我共获益

一、案例综述

从 2011 年开始开办"小老师"义务课堂,到 2019 年这种义务课堂学习达 5 000 学时,其中包含 11 场寒暑假集训,共计约 22 万分钟。校友、高年级优秀学生作为"小老师",每学期每周开展丰富多彩的课堂学习,分享经验,传授专业知识,从"让我学"转变为"我想学",进一步推进学生自治工作,最终达到"小老师"义务课堂—项目团队—实践创新团队—校友创新创业团队的校园科技创新学术氛围。从 2011 年以来,"小老师"义务课堂获得奖项共 151 项,其中国际级 2 项、国家级 50 项、省级 69 项、市级 16 项、校级 14 项。

二、思路与理念

随着高等教育改革的不断深入,在培养学生创新实践能力、营造浓厚学术氛围、促进大学生素质提高方面,学术科技型社团发挥的作用已经越来越大。如何加强学术科技型社团建设,需要我们长期思考、实践,然而由于担任各社团和项目团队的学业指导老师有繁重的教学任务,没有足够的时间对社团和团队建设进行有效的指导，直接影响了团队的生存力。如何发挥高年级有经验学生的作用，增强团队的吸引力和凝聚力，形成合理的梯队，发挥学生自我管理、自我教育、自我服务的能力和作用？

以计算机学院科技协会为依托，在校内面向全校学生开展的"小老师"义务课堂，全面有效地组织、培训学生参与，助力学生专业团队建设，增强学生创新意识，培养学生实践动手能力，加强合作交流，培养团队协作精神，提高学生综合素质，在创新型 IT 应用型人才培养方面进行了有益探索。

三、设计与实施

（一）案例主体

计算机学院科技协会。

（二）案例对象

在校大学生。

（三）案例内容

从 2011 年开始开办"小老师"义务课堂，到 2019 年这种义务课堂学习达 5 000 学时，其中包含 11 场寒暑假集训，共计约 22 万分钟。校友、高年级优秀学生作为"小老师"，每学期每周开展丰富多彩的课堂学习，分享经验，传授专业知识，从"让我学"转变为"我想学"，进一步推进学生自治工作。主要通过以下两个方面进行管理和培养：

第一，选拔培养"小老师"。通过"传、帮、带"的方式，在高年级学生中选择一批责任心强、经验丰富、积极热情的学生作为"小老师"，负责引导教育低年级学生的学习、工作、生活和思想，让他们能够更全面更好地发展。"小老师"也为培养大学生的"三自"能力，即自我教育、自我管理、自我服务，提供了有效途径和有力的保障。2011 年，计算机学院以 ACM、博创杯等比赛为依托，在教研室老师的带领下利用课余时间选拔和培训优秀的高年级学生，给他们开"小灶"，把学习内容提前讲授，不仅讲授知识的内容，并且注重培养学生的素质能力，为"小老师"的选拔打下了坚实的基础。

第二，课堂导学、学员自学。线下导学，线上自学，形成线下线上同心圆："小老师"在课堂上讲解一些知识点，课下由学生自己动手编程实现，并且在 OJ 题库练习相关题目，以达到学以致用、理论与实践相结合的效果。课后"小老师"还为学生提供答疑服务，同时在协会自主开发的 BBS 北理珠不甘社上面分享学习资料和编写课程报告。通过这样的训练模式，不仅提高学生的动手编程能力，也可以训练学生良好的算法分析逻辑思维。

（四）案例程序

"小老师"义务课堂—项目团队—实践创新团队—校友创新创业团队。

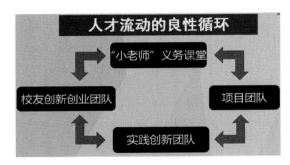

"小老师"义务课堂项目程序

（五）案例支持

计算机学院、计算机科技协会、校友创新创业团队。

四、实效与经验

经过不懈的努力，"小老师"义务课堂更加成熟，具有影响力：

（1）参与课堂的学生覆盖了全校 11 个学院。参与的学生已经不再局限计算机学院的学生，有来自信息、机车、数理等理工科学院，甚至外国语学院的学生到现场听讲。

（2）课堂形式更加丰富多彩。有"小老师"讲授、文化沙龙、项目式培训、网络课堂学习等学习模式，课堂更加活跃。

（3）"小老师"不局限在校生。从 2011 年开始此活动，2009 级的学生是第一批"小老师"，到 2013 年时他们已经毕业离开了学校，虽然不在学校，但是他们作为校友顾问返回母校开展"技术文化沙龙",给在校生传授一些面试工作经验以及最前沿的技术知识,开阔在校生的视野。"小老师"走出校园,走入社会,近九成进入腾讯、百度、金山、华为等 IT 公司。

(4)"小老师"的宣传和表彰借助新媒体,让"小老师""飞入寻常百姓家"。在计算机科技协会微信平台设立"科协男神/女神"栏目,对作为科协男神和女神的"小老师"进行采访和对话,将"小老师"的优秀事迹传播出去,营造积极向上的学风。同时也为低年级的同学树立榜样,未来的路应该如何规划和设计,在这里能够找到一种"答案"。

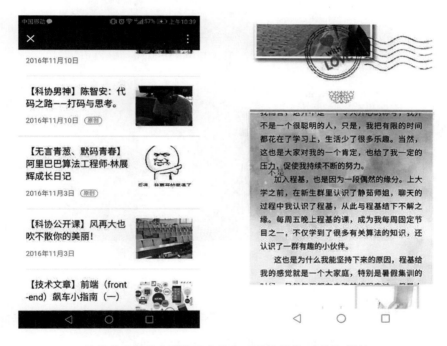

计算机科技协会微信平台设立"科协男神/女神"栏目

(5)荣获第三届学生优秀自治案例三等奖。2013 年计算机学院科技协会荣获年度校园十榜人物(团队)评选十佳团队,2015 年荣获学校第一届学生工作精品项目,并于 2016 年 4 月荣获第三届学生优秀自治案例三等奖,这是对活动开展的支持和认可!

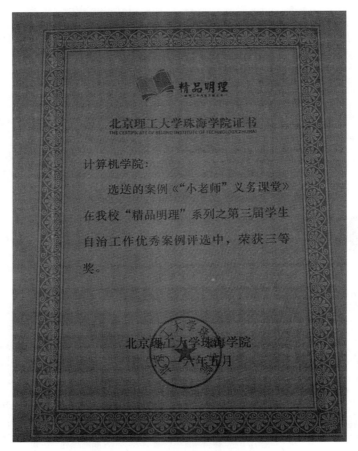

荣获第三届学生优秀自治案例三等奖

五、典型特征

（一）"模范效应"，校园科技创新氛围越来越浓厚

本项目自 2011 年大力推行以来，在校大学生参与科技创新人数逐年增加，已形成了良好的科技创新氛围，加强了学风建设，达到以科技创新促学风的效果。选择的优秀学生，具有高尚的品德、优异的学习成绩、较强的与人沟通能力，通过"模范效应"影响带动低年级学生，促进学分坚实；并且，通过面对面交流、多种媒体渠道宣传，进一步扩大"模范效应"。

（二）"频获嘉奖"，获省级以上奖励的项目、等级、类别越来越多

"小老师"义务课堂逐渐成为学院专业团队学生储备库，更全面有效地组织、培训学生参与，助力学生专业团队建设，增强学生创新意识，培养学生实践动手能力，加强合作交流，培养团队协作精神，提高学生综合素质，在创新型 IT 应用型人才培养方面进行了有益探索，硕果累累。如：优秀学生得到用人单位青睐，竞赛得到企业的赞助等，在校内、校外产生了广泛影响。其中，从"小老师"义务课堂中走出的学生，入选 ACM 团队，于 2013 年 9 月在第 38 届国际大学生程序设计竞赛亚洲区域赛（长沙站）喜获铜奖；2014 年 9 月 20 日，在第 39 届 ACM-ICPC 亚洲区域赛广州站网络赛上，以有史以来最优异的成绩取得了第 39 届 ACM 国际大学生程序设计竞赛亚洲区域赛（广州站）现场赛的参赛资格，再次获得铜奖，此次竞赛，参赛队伍多、名校多、难度大，能够入选并获得名次，是计算机学院学科竞赛体系培养与学生自治效果的最佳印证！从 2011 年以来获得奖项共 151 项，其中国际级 2 项、国家级 50 项、省级 69 项、市级 16 项、校级 14 项。

（三）"善于实践"，自主研发项目成果

结合学院专业特点，将所学知识技能服务自身、学院、学校开发：基于移动应用开发——北理无限、党员管理信息系统、学校在线评测系统（OJ）、学校不甘社——学习交流 BBS、学校计算机俱乐部微信服务平台、学校招生与就业微信平台、学校创业工场微信平台、10 年校庆电子邀请函、智慧医疗系统、基于微信的点到系统、学校后勤微信平台。

（四）"创新创业"，创业团队的后备力量

"小老师"义务课堂—项目团队—实践创新团队—校友创新创业团队，一步一步梯次递进，是创新创业团队的后备力量。已有校友创新创业团队转变为创业公司源续科技有限公司、手之创电子科技、北纬 21 度工作室、珠海市芒果网络科技有限公司，其中有 3 家成功入驻珠海市大学生创新创业孵化基地。源续科技有限公司荣获 2014 广东省高校毕业生优秀创业项目资助 20 万元。

（五）媒体关注

我院 ACM 团队在第 38 届 ACM-ICPC 亚洲区域赛（长沙站）获铜奖

北纬 21 度工作室：从作品出发 用作品起航

六、推广价值

（一）实现"双向教育"

通过丰富的学生资源，采用"小老师"的方式，能够给予更全面的辅导教育，更利于因材施教、思想教育。"小老师"和学生都是同龄人，同样具有学生身份，更有利于沟通；并且开展教育的方式也多种，能够通过轻松的方式，将学校相关纪律等告知学生，学生也更易于接受。一是学业引导，"小老师"由于有了先前学习的经验，可以给予低年级学生学习帮助和引导；二是"双向教育"，"小老师"在校生经历比较多，可以在生活工作中影响学生，同时自己也可以在工作中受到锻炼，能够实现"双向教育"，对全面育人产生积极的作用。

（二）学生自治，促成长

通过"小老师"对学生的教育和引导，薪火相传，逐渐推进和加强学生的自我组织、自我管理、自我教育、自我服务，扩大学生自治的参与面和参与度。每学期初制订培训计划，每月按计划落实并执行，培训以"老带新"方式为主，通过定期选拔优秀的高年级学生作为"小老师"，制定培训内容，从"让我学"转变为"我想学"，进一步推进学生自治工作。当然，培训工作也离不开学院领导、老师的大力支持。

（三）创业团队的储备人才库

作为创业团队的后备力量。"小老师"义务课堂—项目团队—实践创新团队—校友创新创业团队，一步一步梯次递进，是创新创业团队的后备力量，能够为部分优秀的学生提供创业机会。

七、思考与建议

"小老师"义务课堂的开展充分发挥学生自我管理、自我教育、自我服务的能力和作用，更进一步促进学院的学风建设，影响和带动学生投入积极学习的氛围中。另外，这也是一个教学相长的过程，不仅能让听课的学生增长更多的知识，也能使"小老师"巩固自己所学知识。"小老师"们说：作为"小老师"是完全不求回报的，因为自己也曾经受到这样的帮助，感谢学院老师和前任"小老师"们的培养，希望通过自己的努力，让"小老师"义务课堂能够薪火传承下去。

注重引导效果研究，充分发挥学生自治作用。通过"小老师"引导大学生创新团队学习，是一种对学生的个人成长、学习发展同时产生影响的教育策略，因此应注重对"小老师"本身与被引导的学生产生的学习效果进行研究。

第三章
雏鹰展翅志高远 不负时代

他说：不负青春，向优秀看齐

吕翔，原 2017 级计算机科学与技术 2 班。在大一他刚刚来到这个美丽校园的时候，就在心中暗暗下定决心，一定要不负青春，向优秀看齐。但是如何做才能不负青春，如何做才算是向优秀看齐呢？ 这对于当时的他来说，是一个大大的疑问，但是他从来不曾停止过思考，直到如今四年过去了，曾经的"小萌新"现在已经毕业了。一路走来，说没有遗憾是不可能的，但是，他认为自己做到了当年立下的决定——不负青春，向优秀看齐。

大学跟高中初中最大的不同，他认为是选择的多样性。你可以选择你的生活方式、学习态度，等等，但是种豆得豆、种瓜得瓜，你的选择会影响到你的走向。而他回顾这四年的各种选择，至少直到现在，他不后悔。

大一的三个选择。记得大一的时候，大家都喜欢玩社团，他也不例外。当时所谓 "百团大战"的社团纳新，他也报名了许多社团。在社团面试的时候，有个学姐问了他这样一个问题："如果学校课程和社团活动有冲突时，你会怎么办？"他不记得当时如何回答了，只记得这个问题时常在他脑海中回想，最后得出了他的第一个重要的选择：如果冲突，必然放弃社团活动而选择学习好学校的课程。因此他仅进入了两个社团，一

雏鹰展翅志高远　用奋斗青春书写大学时光

个是校友工作协会，另一个是计算机程序设计基础协会，他把大部分精力放在了课程学习上。他的踏实勤奋的学习态度让一个老师看在心里，这位老师希望他能够进入自己的实验室去学习，老师让他好好思考一下。他没有过多考虑，觉得单纯的课程学习是远远不够的，去实战性学习或许是一个不错的经验。同时由于他的第一个选择给自己预留了大量的空闲时间，所以也有足够的时间去实验室静心学习。这也是他做出的大学中第二个重要的选择：加入老师的实验室。大一的他还做了第三个重要的选择：申请加入中国共产党。

他认为大一是确定方向，大二则是在既定的方向上向前奔跑。社团他大一"玩"了一年后就离开了，学校课程的学习他倒始终没有懈怠过，老师的实验室几乎成为他不上课就去的地方。大二下学期的时候，他做了第四个重要的选择：考研。对于这个决定其实他的内心有过一段非常复杂的挣扎，但是他心中还有不甘，也还有梦想，想再一次证明自己，他最终还是下定决心，并为之努力奋斗。这是一段荆棘之路，从大三到大四第二学期中期，一共历经了将近500天的时间，从考研初试到考研复试，一路过五关斩六将，历经万苦，但他始终没有动过放弃的念头，始终奋力拼搏，直到收到录取通知。

区区几百字，他的大学四年就已几乎描述完毕，但是这背后的努力，只有经历过或许才会懂得其中的重量，没有过多的繁华，始终耐住寂寞不断前进。如今去看看他所收获的果实，感觉一切都是值得的。大学四年的绩点为4.0，专业年级排名第一，一共拿了七次奖学金，其中三次为特等奖学金、四次为一等奖学金，并连续三年获得校级优秀学生的荣誉称号。利用课余时间，他参加了两个大学生创新创业项目，在《现代计算机》和《计算机知识与技术》杂志上分别发表了一篇论文，并且获得了三份软件著作权登记证书。在竞赛方面，从C语言程序设计挑战杯到ACM-ICPC校内赛，以及数学竞赛，都取得一定的名次。在党课培训中培养了积极向上、锐利进取的生活态度，并且提升了政治素养，成为一名光荣的共产党员。在竞争激烈的考研之战中，成功考上上海海事大学的软件工程专业，给师弟师妹分享自己的复习经验，实现了当初坐在台下看着闪闪发光的师兄师姐时心中的梦想。

一路走来，他感慨万千，有太多的老师和师兄师姐以及同学给了他很多的帮助，也有许多意想不到的缘分让他有了如此的成绩。他认为大学四年最大的经验收获就是，一定要保持积极向上的生活态度、一丝不苟的学习态度，踏实勤奋，这样当机会来的时候，才不会因为错过而遗憾。

这是吕翔的大学四年，最终顺利考入上海海事大学，你的呢？

不负青春时光之辅导员说：

"您好，我是来应聘实习生的，因为我已经通过了研究生的考试，实习期到今年的 8 月份……"这是吕翔在学校线下招聘会上，对自己投递的每一家企业的开场自我介绍。在竞争激励的招聘现场，他凭借实力和真诚的态度，获得了想要的实习岗位。"他很真诚，能够把自己的实际情况直接告诉公司，这样公司也能提早安排后面的工作，不像有个别同学面试时有所隐瞒，临到要离开才说离职的原因，所以这样的同学为什么不录用呢？ 同时也期待他研究生毕业后，能够有后期的合作。"录用他的企业 HR 如是说道。

"沟通"对每一位即将进入职场的大学生非常重要。我们见过因为不会及时沟通而导致违约的学生，也见过不去沟通导致企业反馈给学校进行协助沟通和处理的学生，还见过不会沟通而迟迟不能与企业签约的学生。"态度"是每一位进入职场的大学生必须要提前端正的，你要以什么样的态度进入职场？ 积极、认真、负责任等向上的态度，能够让你收获新的伙伴和导师，助力职场发展。

她说：有心人天不负，
　　百万秦关终属楚

　　她坐在公司的工位上，写下这篇类似回忆录的内容，心情实在难以平静，思绪穿越回刚入校的日子，回味慢慢成长起来的点点滴滴，竟似大梦一场。

一腔孤勇终不负

　　关于她的故事，大概可以从高考结束开始讲起。第一年高考的失利让她毅然决然头也不回地选择了复读，背井离乡的生活，学校军事化的管理，一度让她撑不下去甚至后悔为什么不填写志愿，给自己留条退路。她跟老师求了个靠窗最后一排的位置，那整整的一年，只回家了三次，其余的时光她都守在不锈钢加固的窗边，见证着那个小县城的日月交替、四季变换。这实在不是什么值得拿出来与众人分享的回忆，但这段日子确实改变了她对生活的态度，她头一次觉得自己的血原来也是热的。

　　进入大学，并没有迎来她想象中灿烂明媚解放自由的日子，反而是对地域的不适应，语言交流的无措总让她感觉行走在"异国他乡"。在学习上，对专业的失望对未来的迷茫以及对社团的投入，让她极其适应不了大学生活，一度陷入懒惰无所事事的误区，直到看到自己期末一塌糊涂的成绩，才猛然惊醒，这并不是她投入一年时光想看到的光景。这段反思迎来了她的第二段转折，选择降级转入感兴趣的专业。

她认为自己骨子里是自卑的，自己常常厌到"爆炸"，因为成长得太晚，起点太低，加上要命的自尊心，每一步都比别人跑得赶。很多人在大一的时候就开始参加各种比赛，在经历上比她丰富得多也比她有经验得多；而她真正的开始，是在走进自己孤注一掷选择的专业，抱着破釜沉舟的心思，想给自己许下一个未来时。惊喜的是，她从决定改变自己的那一刻开始，生活终于向她抛出了橄榄枝，而后的时间里，各种机遇就像是一扇门，缓缓推开，门后的景色慢慢呈现。当一切美好的事情铺陈在眼前，她才终于相信，越努力越幸运不是空口白话，没有伞的孩子才要更努力地奔跑，一步步走来的脚印让她始终坚信，只要心有向往，那么什么时候努力都不算晚。

感恩惜福

生活上，她不断提醒自己已经不年轻，但每当到了离别时刻，才真正感受到这样的情绪是多么赤裸，并不需要年龄的历练去承受，往往是生活中的小惊喜，对人有着彗星撞地球般的能量，对世界有了五彩斑斓的作画能力。可能不太一样的经历，让她比常人更加敏感，也越容易被生活中一些小小的细节打动，也可能正是因为这样，让她更容易感受幸福，更加珍惜每一份感情。一路走来，给她的支持和陪伴，对她难过的分担，桃李春风一杯酒，江湖夜雨十年灯，她感谢舍友们在夜雨时分为自己留了一盏灯。回想起初中学的"挥手自兹去，萧萧班马鸣"，那时候还小，常误把班马写作斑马；成长至今，些许懂得分离的不忍，也懂得载你远行的必将是送你离开的班马。都说好朋友就是饭要常吃、面要常见，想到再也不能常吃和常见，自己都觉得自己是不是好肤浅，但是不舍的痛苦还是这样变成一弯一弯的浪，时不时扑打在她脸上。朋友填平了太多她难以一人度过的时刻，也陪她度过无数快乐的时光，她常常觉得，有朋友在身边，她永远可以做个长不大的孩子，她始终认为，朋友是上天给予自己这个笨小孩的礼物。

雏鹰展翅志高远　用奋斗青春书写大学时光

关于未来

　　她喜欢那种经历了大风大浪，却还平静地像只是下雨时踩湿了裤脚一样的人。那样的人，性格里有一种荒腔走板的力量，也温柔，也不慌不忙。时间滴答走过，褪去那些不知所谓的小骄傲，日积月累下反而愈知自己的平凡，大家都只是在被时光推着长大。无论是看月亮还是捡地上的六便士，他们中的大多数都会平凡地度过此生。人们忠于命运，却又随波逐流，她希望自己的生命里能有一些坚持，或爱或信仰，趁着还有机会，趁着所有事物尚且新鲜就应该去努力奔赴，哪怕头破血流，也要撞一次南墙才好。复读时候的班主任说："过去的你给自己挖了太多的坑，不把坑填上你是没法往前走的，逝去的时间，就当是用来还债了吧，坑你已经填平了，前路一马平川，宽阔好走，接下来要发生的都是让你觉得意想不到的好事。"有些经历变成了一种精神刻在了自己的骨子里，在她眼里："你的光辉能驱散山顶的薄雾，没见过喜马拉雅山的最高峰，请你不要因为一件事的不如意而妄自菲薄，一定要愈挫愈勇。"

　　也许人们都要固守人生的平凡，但她一定会成为自己的骄傲，相信平凡的你也可以。

不负青春时光之辅导员说：

　　大学生的专业选择，有不少是父母直接或者主导的决策。在专业选择方面，专业信息不完全也是影响人们进行选择的主要因素，也是导致不少大学生进入学校后无法适应专业学习的主要原因之一。在专业适应期时，"听说"是很多大学生获取信息的途径之一，却经常对于"听说"的内容没有进一步核实确认，而让自己处于"听说"后的忧虑。破解忧虑的方法就是核实确认"听说"的内容。同时，"知己知彼"也是在大学生生涯规划上必须运用的原则，认清自己和认清专业是大学生完成专业学习要做的两个重要方面，但是，很多时候他们完成了知己，而知彼就相对困难一些。

　　大一的职业规划一方面是树立职业目标，另一方面是对大学生生活的规划。职业规划使大学生活与职业目标紧密地结合在一起，真正达到学以致用的目的。

他是我们的"睿姐"

他是我们的"睿姐"。很多人会奇怪,为什么会对一名男生称呼为"睿姐"? 同学们说这也是对暖男的一种爱称。他是学院排球队的顶梁柱,不仅仅是身高顶梁,能力和团队建设同样少不了他,球队每周的训练,都能见到"睿姐"在群中呼喊大家;他是辅导员们的十佳助理,他远在上海工作、在外地旅行、在深圳家中,有工作需要,他都能第一时间去处理、协助……

转眼间,他的四年大学生活即将走进尾声。四年来,他每一步都走得踏踏实实,并收获了辛勤耕耘的累累硕果;他始终牢记"德以明理,学以精工"的校训,发扬"勤奋、务实""严谨、诚信"的学风和校风,秉持一种自律的生活、学习和工作方式。

不忘初心,不断提升思想道德修养。他能够认真学习领会党的十九大精神,以及党的路线、方针、政策,政治意识、大局意识、核心意识、看齐意识强,立场坚定,明辨是非,坚持原则,在关键时刻经得起考验。同时他积极参与党团组织的各项活动,坚决服从组织安排。在实际工作中坚持理论联系实际,认真履行共青团员义务,用党员标准规范自己的言行,提高自身思想政治素质,积极向党组织靠拢,争做一名合格的共产党员。

雏鹰展翅志高远

用奋斗青春书写大学时光

不忘初心，坚持谦虚和严谨的学习态度。 他深深地意识到，只有拥有了牢固的知识、基础浓厚的兴趣和坚定的意志，才能在今后的学习和工作中有所作为。所以四年来他一直专心学习，勤学善思，始终保持谦虚和严谨的学习态度，不懂就问，主动与老师同学交流学习心得，积极求解学习上的疑惑，并从中获益匪浅。经过自己的不懈努力，他的学习成绩一直名列前茅，总评成绩位于学院专业前 10%，绩点达到 3.49，并取得多项荣誉：2017—2021 共七个学期均获优秀学生奖学金，2017—2018 学年度获"优秀学生干部"称号，2019—2020 学年度获"优秀团员"称号，2020 年"大学生创新创业训练计划"省级科研项目立项，2019 年获"新时代、新作为——立志·修身·博学·报国"主题教育系列活动三等奖，2020 年获中国大学生计算机设计大赛校内赛优胜奖。在学好各科专业知识的同时，他还通过了计算机二级、云计算系统维护员等培训考试。在未来的学习生活中，他将更加努力要求自己，不断提高自我价值。

不忘初心，他是大家心中的"睿姐"。 在班级中，他一直担任班里的副班长一职，是其他班委的好帮手，帮助大家共同进步。在学院中，他曾担任 2019 级辅导员首席助理以及 2019 级班主任助理，搭建起辅导员与学生沟通的桥梁，带领 2019 级新生完成从高中到大学的过渡，并获得合唱的二等奖以及高等数学（1）全员未挂科等荣誉，班级中也出现了许多优秀的人才。

他曾任院级排球队男队队长以及女队教练员职务，带领计算机学院男子排球队获得北京理工大学珠海学院排球赛男子组亚军一次，计算机学院女子排球

队获得北京理工大学珠海学院排球赛女子组亚军两次、季军一次。

生活里，他积极乐观，诚实守信，乐于助人，讲道德，遵守校规校纪，视学生守则为最低底线，以饱满的热情迎接生活中每一天的挑战。他努力做到团结同学，搞好宿舍成员间的关系，相互扶持，从宿舍特色到宿舍文化都做得有条不紊，和舍友一起寻找自己的定位，追求理想的高度，共同进步。他还积极参加志愿活动，多接触社会上不同的人，见识社会上不一样的点点滴滴，即使还未踏入社会，也要为社会出一份绵薄之力。

对待师长，他发自内心地尊重与敬爱，他认为是他们给予自己支持，帮助自己成长，没有老师的辛勤付出，就没有他取得的众多成绩。他尊重每一位老师的每一滴汗水，把老师所教授的知识吸收成为自己的知识；他尊重老师的劳动，每次上课从不迟到早退，在这几年的学习中，从无缺课的现象。对待同学，他从来是以善待人，尽心帮助，尤其关心班级的贫困同学，以一颗真诚的心得到大家认可。

高中三年一晃而过，大学四年也即将过去，回望七年生活，总有许多不舍。高中生活，让他学会自律，以及无虑前行；而大学生活，更多的是给了他许多锻炼的机会，让他从实践中不断吸取成功的经验和失败的教训，增强了自

雏鹰展翅志高远　用奋斗青春书写大学时光

我学习的能力,学会了怎样更好地为人处世。与初为大学生时相比,四年后的他能更成熟冷静地去面对眼前的问题,分析并解决问题。面对未来步入社会的生活,他充满了信心,相信在自己的努力下,明天将会变得更加美好。

不负青春时光之辅导员说:

大学不乏能力强的学生干部,而四年如一日认真负责开展学生工作的学生干部确实值得肯定,"睿姐"就是这样的学生干部。"睿姐"是一位自信、乐观、积极的大男孩,他有想法,他渴望成功,他关心同学,他目标明确,他的专业技能不是最突出的,但是在企业应聘环节,他获得不少企业的认可和录用通知。企业对于应届毕业生的招聘,最看重的不是专业能力,而是应聘者的综合素质和积极进取的心态。

他说：我在"象牙塔"中的时光

欧思镐，原2017级计算机学院软件工程3班的学生。一份高考答卷，结束了他摸爬滚打的高中三年；一份高考成绩，使他成为北京理工大学珠海学院的学生。在人生新起点，父母对他的期待与投资成了不能懈怠的理由，而他也想成为更好的人，因此，"向优秀进取"成为他在大学的一个目标。希望有一天，他能成为父母心中的骄傲。

韧

身体是革命的本钱。高中时的他十分瘦弱，他不甘如此，便暗下决心，改变自己，因而走上运动这条路；无奈高中精力、时间、空间十分有限，他尽力做出的改变并不能满足，这让他萌生了一个想法：读大学一定要健身，一定要摆脱自己的瘦弱。也就是这个念头，刚进大学还是大一新生的他便踏入健身房。但改变自己哪有那么容易？ 身为一个什么都不懂的"小白"，在一个陌生的环境里，内心怎么不会不安呢？ 一开始，进步是十分缓慢的，他很沮丧和无助，但这不是他退缩的理由，不懂就学，不懂就问，也因此请教了很多人，找视频学习，搜集各种文字资料……终于慢慢地他懂了。就是凭着这样一种不服输的念头与韧劲，他坚持了下来，一点一滴地进步，坚持到了现在，蜕去了曾经的瘦弱。他很高兴，现在他很感谢过去的自己是那么努力，那么坚韧。

念

记得家里刚配备计算机的时候，他整个人开心得要疯掉。从没想到游戏、电影、音乐……这些东西竟然如此接近他的生活，方便了他的生活。计算机给他带来的快乐一直刺激着他的大脑神经。网络世界的繁华，令他陶醉，但他并没有迷失在繁华之中，相反地，一颗种子在他内心悄然萌生：他要探究计算机世界的秘密。后来，经过高中三年的摸爬滚打，披荆斩棘，高考结束的下课铃为他的高中三年画上了句号，一份答卷换来的便是他心心念念的计算机专业。他对计算机专业十分满意，毕竟是自己幼时种下的梦想，也就是这样的"念"，使他对计算机的学习一直没有松懈，大一第一学期参加 C 语言程序设计挑战杯比赛获得三等奖，第二学期获得团体程序设计天梯赛广东省高校三等奖。就是这样心心念念的计算机梦，他爱上了课外自学，爱上了主动去探索计算机世界的奥秘，通过知识的积累与沉淀，他做出了一些成绩。计算机，是他心心念念的梦。

立

有人说，大学是半个社会，在社会生存必须学会自立。这句话一直在他脑海中牢记。在不影响学习以及健康的情况下，他会去做一些兼职，尽量地为家庭减轻一点负担，他代取过快递，也送过外卖，也去过公司实习。兼职真的很辛苦，风吹雨打，夏炎冬寒，有时候还得牺牲自己的小长假，所以那段时间他真的很羡慕那些享受假期的人。虽然辛苦，但他懂得了很多东西，并且把赚到的钱用在了自己的生活必需品而非娱乐上，他能走出温室，做到这样自立，很满足。

德

一个人最重要的品质他认为应该是德，道德、品德。所以初高中这六年，他一直是学校的志愿者，上了大学，他也一直提醒自己要践行公益。赠人玫瑰，手有余香，他参加了多次校园卫生公益活动，在个人行为上时刻提醒自己不能乱丢垃圾，他没有多大能力去改变所有人，但他能做好自己，用自己微弱的力量去影响周围的人，为环境尽一份微薄的力。

他认为自己并不优秀，比他优秀的大有人在。但他会好好加油，他想做好自己，好好努力，好好奋斗，感动那个未来的他，让那个优秀的未来自己感慨现在的自己是多么努力。在接下来的日子里，面对众多的挑战，他想对自己说："我准备好了。"

不负青春时光之辅导员说：

他毕业选择了申报"三支一扶"项目，到基层从事支农工作。他说，家乡养育了他，能够回到家乡服务家乡建设家乡，这是他一直的愿望，他的理想。

"三支一扶"是毕业生基层落实政策，指大学生在毕业后到农村基层从事支农、支教、支医和扶贫工作。政策依据是国家人事部 2006 年颁布的第 16 号文件《关于组织开展高校毕业生到农村基层从事支教、支农、支医和扶贫工作的通知》，目的在于为高校毕业生向基层单位落实就业问题提供具体的指导和保障。[1]

---

[1] 百度百科 https://baike.baidu.com/item/%E4%B8%89%E6%94%AF%E4%B8%80%E6%89%B6/4564826.

他说：机会都是留给有准备的人

黄贤忠，原计算机学院 2017 级软件工程专业学生，曾任学院科协副主席。在大学期间，他始终保持谦虚严谨的学习态度，对于学业不敢有半点马虎。他担任班级心理委员，常常与同学相互交流，交流内容方面，不仅限于学习，还有生活烦恼与心理咨询，当然这也发挥了心理委员的职责。在与同学交流的过程中，他大都能把问题解决了，如果他解决不了的，再第一时间求助于老师。作为计算机专业学生，他常常有一个习惯，就是遇到问题都会自己解决，如果想不出方法会上网查找解决方法，最后到无路可走的时候才会求助于老师。对于学业问题，他从来都是有求必应，当同学遇到问题，他都会热心地给予帮助，所以一直以来与人相处非常融洽。

在大一的时候，他尝试去校外当家教。所以从大一开始他不仅要忙于学业，也要忙于校外兼职。在兼职期间，他认识了与他一样的大学生，并结识志同道合的朋友。通过那段时间，让他体会到，之前学过的知识是可以变成财富的。一年的兼职时光，让他对于家教轻车熟路，从一开始的紧张无措，到后面流畅自如面对，这也是一种技能的获取、自身的成长。他虽然兼职，但学业也没有因此落下，保持零挂科。这种先步入社会的经验也让他体会到了很多，大学真的是人生最美好的时光，可以包容成长中的错误和一些小任性。

　　ACM 的经历，是他大学的三分之二。他在大学中能拿得出手的就是有许多算法竞赛的经历。从大一开始，他就听说学院 IT 技术含量最高的社团就是科技协会，在科技协会里面有一批人是需要外出比赛的，那批人所在的旗下社团叫 ACM。所以他就有规划地去接触算法方面的知识，同时短期的目标便定为能成为 ACM 的一分子。在大学的第一个暑假，他参加了 ACM 团队暑假集训，在那里他和 ACMer 开始每天早九晚九的生活，面对电脑敲代码，与同学交流讲代码，他开始体会到了以后作为一名程序员的充实感受。同时在那次暑假集训，他也认识了很多学院各年级的大佬们，他们在某个领域或几个领域很强，也非常上进，跟他们一起学习，使他进步非常快。在那次的集训中，大家每天就只有一个目标——学习，有点儿像高三的那时候，大家努力将学习到的内容通过算法题去体现出来。经过半个暑假的训练，在暑期结束时，他成功地成为 ACM 的预备队员。新的学期，每周六日都要到机房去训练算法，别人的周六日是快乐的假期，而他会准时到实验室去刷算法题。那时候，他每周的代码量在几百行，有时甚至到上千行。同时在那个学期他开始了竞赛的生活，参加各种比赛，校内外的都有。通过不断的失败、总结教训、积累经验，他可以代表学校到校外去比赛，成为 ACM 的核心团队成员，并获得了一系列不错的成绩。

　　万事俱备只欠东风。经过大二一年的打铁（积累），他准备在大三大展拳脚的时候，疫情突发其来。疫情的到来，使得很多比赛在那个学期就此取消，让他们准备很久的比赛也延期搁置。但他们一直在训练，等待时机，到最后返校的那个学期里，他们开始发力，在很多比赛里收获国家、省级等奖项。他认为"机会都是留给有准备的人"，这句话说得太对了，他在算法方面的成绩不是随便一两个月就能突飞猛进的，是入学以来几年时光中算法知识积累的结果。

　　在平时忙碌的学习生活中，他渐渐地对枯燥的生活有些厌烦，想要找一些不一样的学习，所以他开始自学摄影，希望从生活中发现美的事物。从开始学的时刻起，他就喜欢上了摄影，摄影能将瞬时时刻锁定，帮助我们回忆一段美好时光，可以瞬间将我们置身于记录的当时。他在学习摄影的过程中，请教了很多朋友，那些很多年没有联系的朋友也因为摄影将彼此的关系重建起来。今后他希望自己能在每一天发现这个世界一处美好地方并将其记录下来。

雏鹰展翅志高远 用奋斗青春书写大学时光

他认为如果以后要成为一名程序员，就要通过不断的学习来充实自己的能力。在大四不参加比赛的时候，他有些迷茫，不知道以后应该往什么方向走。那时候的他没有一门精通的语言，但算法比赛的经历，让他的计算机逻辑比一般同学要强，所以他定了一个新的目标：学习"开发"半年，然后投身于春招。 所以他开始长达半年的自学时光，那段时间他每天都很充实，每天都会感觉需要更多的时间学习。到了春招，通过半年的知识学习和之前积累的比赛经验，他成功地拿到心仪的 Offer——珠海金山办公软件有限公司。

不负青春时光之辅导员说：

"机会是留给有准备的人"，他从入校开始对于专业学习的准备，到后来对于兴趣爱好的准备，到求职中对于专业面试的准备，不打无准备之战。这也是大学生在求职过程中，很多学生会忽视的地方。 认为面试不需要做过多的准备，往往是错误的认知。面试也是一种考试，不同于在校期间的课程考试，考试大纲在企业招聘岗位的介绍中，刷面经、测笔试、模拟实践，这是通过企业面试的"法宝"。

他说：以光之名，穿越繁星

苏基桃，原计算机学院 2017 级数字媒体技术 2 班的学生。报到前在送他去火车站的路上，他的父亲语重心长地对他说："大学四年是我们人生中最宝贵的年华，一定不要虚度了这宝贵的青春。"这句话深深地刻入了他的心里，并在他的大学生涯里悄悄生根发芽。

遇见最初星亮的地方

大一时，他和大多数同学一样，经历了刚开始的迷茫与困惑，可不久，在辅导员和班助的帮助下，他渐渐开始找到了自己的方向，并在班助的推荐下，当选了 2017 级数字媒体技术 2 班的班长。

在这两年当班长的过程中，作为一名计算机学院的学生干部，他始终不忘严格要求自己，始终坚持用一个学生干部的标准来衡量自己的一言一行，不断求知、不断进步、不断学习，并且热心帮助同学，配合辅导员做好各项工作，在同学中得到了较高的评价。因为他自始至终觉得，作为一个班级的班长，必须更要注重自己的言行，处处发挥表率作用，并且真诚地对待自己的同学，才能赢得广大同学的支持和尊重。曾经有一次，一位女同学上课途中丢了手机，在她的求助下，他上网查询到

雏鹰展翅志高远 用奋斗青春书写大学时光

她的手机定位,一路寻找过去,最终将该同学的手机寻回。

在做班长的经历中,他也得到了很多成长与锻炼。以前对文档处理一概不知的他,渐渐地也熟练了起来,并且也慢慢培养了他细心的性格,做起其他事情来,也更加得心应手、思路更为清晰。但比起个人能力的提升,他觉得在当班长的过程中,最让人感动的是收获了班上同学的友谊。

微微光芒,终遇漫天星空

一直对影视创造感兴趣的他,在充满多种可能的北理珠迎来了机会。在高考填志愿的时候,他毅然地选择了数字媒体技术这个朝阳专业,并且在学院专业老师的指导下,渐渐学会了影视制作的相关流程,他看见了更大的世界。

后来他关注到各个学生组织和校媒组织,最后选择加入了学校传媒社团——京涛海纳工作室。在这个平台,他得到了诸多成长,在优秀的师兄师姐的带领下,他开始参与校内外各种大大小小的活动。在大一上学期参加了"军训记者团",为参与军训的学生留下了宝贵的影像记忆、热血的青春回忆;在大二上学期参加了由广东省税务局与中国青年报社联合主办的"青年眼中的税收改革故事"活动,担任摄像记者职务,然后这段经历让他认识了其他学校更为优秀的同学,也结下了深厚的友谊。

在作为京涛海纳学生干部的两年多里,他也不忘公益,每年迎新、军训的晚会上,他都会参与,为不在场的校友、同学们,带去现场的直播影像。

在影视的道路上,他不断学习与进取。大一时作为"摄像助理"积极投入了京涛海纳工作室拍摄的北京理工大学珠海学院的校园官方宣传片——《壹北理·校友篇》,大二时作为主创"执行导演"参加学校官方宣传片《壹北理·美食篇》的制作。每一次的参与对他来说都是一次成长,每一次的实践都是一种新的体会,后来他选择留在京涛海纳工作室,继续朝着自己的影视梦想不断出发。

影视的道路,永远没有句号,电影梦,永远也不会"圆",只有心存希望与梦想,怀揣着最初的那份对影视纯粹的喜爱,才能在这条路上开花结果,有所收获。

暗夜长延,曙光破晓

在丰富的大学生活里,他自始至终没有忘记学习的重要性,学海无涯,志存高远。在学习上,他刚开始在大一时落后于他人,于是力争上游,绝不服输,最终在大二学年,他的成绩进入了专业前十。可能这并不是什么卓越的成绩,但这却是对他的努力一种最好的回馈与证明,这也使他更相信"勤能补

雏鹰展翅志高远 用奋斗青春书写大学时光

拙"四个字,因为他从小就不是别人口中的"隔壁家孩子"。同样地,在这大一大二两年间,在他的努力下,他也获得了诸如"优秀学生干部""优秀团员""优秀社团干事"等荣誉称号,这些对于他来说,都是一种肯定与认可。

在他眼中,参加各种竞赛,也是一种学习的过程。所以他在学习空隙之余,也参加了一些比赛,并且其中也有幸获得了一些不错的名次,诸如中国教育协会举办的第九届"视友杯"中国高校电视奖形象类一等奖、广东省2018年"新时代 新作为——立志•修身•博学•报国"主题教育活动一等奖等。

作家韩寒曾经说过:"人生最精彩的不是实现梦想的瞬间,而是坚持梦想的过程。"对于他来说,未来的路还有很长,人生的成绩从来不止步于此,只有心怀理想,不忘初心,才能在这宝贵的时光中,以梦为马,不负青春!

不负青春时光之辅导员说:

如果我们所从事的事情是自己喜欢的,那么我们的工作和生活会感到开心得多,多半也会对这样的工作更有激情,更有可能在这样的工作中获得满足感和成就感。

当今大学生的多种画像中,有一些是这样的:有的人觉得自己的兴趣十分模糊，有的人兴趣又过于广泛，还有的人兴趣明确却因为父母、成绩等种种原因进入了一个自己不感兴趣的专业，他们有些察觉到了自己的状态，有些依旧浑浑噩噩过着大学生活。而对于苏基桃同学，他从选专业到后期的大学社团生活，都结合了自身兴趣，未来的工作选择也是将个人兴趣与自己的专业和职业结合，他一直强调要做自己喜爱的事情，才能获得快乐。

他说：突破，只有第零次和第无数次

记得上大学前，他是一个腼腆的男孩，不愿主动和别人交流，不会大胆地表达自己的想法，感觉自己什么都做不好，是个非常内向的孩子。他从来就没有试过突破自己去尝试一些自己从没做过的事儿。他认为大学就是一个"机遇"，一个可以改变人一生的机遇，踏出人生第一步去突破自己，突破，只有第零次和第无数次。

勇于尝试，零的突破

为了保证在相对自由的大学环境下的学习质量，他自告奋勇去竞选班级的学习委员，因为他认为这样不仅可以成为老师和同学沟通桥梁，同时还能起到一个督促自己学习的作用。由于大学的教学模式和以往的高中教学很不一样，更多的是开放性和自学，所以需要靠自己去不断调整。万事开头难，他从师兄师姐身上取经，然后不断去实践，最终寻找出一条适合自己的学习道路，就是理论离不开实操。他尤其认为计算机的相关课程一定要将理论知识用不同的方式去实现，只有去真正实操过才会对理论有比较深入的了解。这第一个突破给他带来非常多的机会和老师交流沟通，与此同时还和同学们很快建立了友谊。这是他一个零的突破！

建立信心，突破自我

他听了许多师兄师姐对社团的介绍，想着要借此机会实现自己第二个突破，于是加入自己有想法的感兴趣的社团成为他第二个目标。经过精挑细选，他有幸加入了计算机学院的实验中心，作为一名实验室助理开始接触计算机相关运维。不要小看这个小部门，在确保日常的教学工作中不能缺少这个部门。他从确保机房教室准时开门，到电脑机器正常运行，再到机房的运维等都有所接触。那时他对机房的感觉就像自己的家，维护好每一台机器就像在照顾自己的孩子，在他的管理下，机房有条不紊地运行。他慢慢地发现自己的第二个突破不断给他建立自信心，让他认识到自己是有能力做好一些事的！

发现机遇，抓住就突破

他发现自己喜欢统筹管理，这是他的第三个突破。有幸发现了一个机遇，让他接任北京理工大学珠海学院全国考试珠海考点的学生负责人，他开启了统筹管理考点相关工作。新工作内容包括前期监考人员的招募与培训、考场布置、接待考生处理应急情况，中期媒体报道文章撰写，后期回收整理试卷、与有关部门对接等，这些对他来说是一个非常大的挑战，但是，他从一开始的处处漏洞到后来应对突发情况的自如，越发地发掘自己的潜能。是这一次的突破，让他的应对能力得到大大的培养，渐渐地，**"突破"成为他大学生涯的关键词。**

敢想就敢做，让突破成为习惯

他在好几个突破的过程中也渐渐发现自己对很多事情都会有自己的看法，按照以前只会是自己私底下琢磨，但是现在，他想与其自言自语，为何不大胆说出来？在大一时受到班助的影响，他心里早已埋下一颗要当班助的心，他便开始当副班助，悄悄地学习如何管理班级。当然，他担任班主任助理的过程是非常艰辛的，还会遇到很多未知的情况。庆幸的是，他在之前的突破中积累了许多经验，同时还沉淀了许多让自己强大的心理准备。"逐一突破"是他大学一直坚持的口号，遇强则强的精神使他在任职期间有条不紊地推进班级管理，无

雏鹰展翅志高远 　用奋斗青春书写大学时光

论班级的生活还是学习,他都亲力亲为去帮助新生,去传授作为学长的经验和讲述一些前车之鉴。那段时间,他废寝忘食,不断地在班助工作与学习中找到一个平衡点。在他强大的觉悟支撑下,从些许失望到重燃热血,到真正班助生涯落幕,他画上了一个完美的句号。 当然,这不是一个结束,而是一个开始,一个新突破的开始。

生命不息,突破不止

他的大学来到第四个年头,突破依旧进行时。生活有时很苦,但是他的手里有糖！每一个突破背后一定会充满荆棘和坎坷,一帆风顺的道路上和带着未知探索突破的道路上,风景之间的差别一定是看完风景后自己的改变。对于他来说,大学四年究竟是过眼云烟还是在心底沉淀,他心中已有答案。所以他说,突破,只有第零次和第无数次,只要肯踏出第一步,就会有无数次的机遇等着你去突破。起初的他,突破很难,但是只要有第一次,就会在心底埋下一颗突破的种子,然后生根发芽,用越来越多的突破去书写人生,人生就会变得越来越有魅力！

不负青春时光之辅导员说:

电视剧《觉醒年代》以1915年《青年杂志》问世到1921年《新青年》成为中国共产党机关刊物为贯穿,展现了从新文化运动、五四运动到中国共产党建立这段波澜壮阔的历史画卷,再现了一百年前中国的先进分子和一群热血青年演绎出的一段追求真理、燃烧理想的澎湃岁月,深刻地揭示了马克思主义与中国工人运动相结合和中国共产党建立的历史必然性。[1]

新时代的青年大学生如何能够认识到自身的使命和责任？ 在最美好的青春时光,以建设祖国为职业理想,以服务人民为个人追求,不断追求自我的突破,追求真理,这是高校辅导员需要持续研究的课题。

---

[1] 《觉醒年代》https://baike.baidu.com/item/%E8%A7%89%E9%86%92%E5%B9%B4%E4%BB%A3/20374146？fr=aladdin.

他说：尝试即是突破

刚到北理珠，偌大的校园，陌生的环境，让他这个稍显活泼的性格做起事情来缩手缩脚。他的记忆突然被拉回到第一次班会，要竞选班干部，这事提前一晚他已经开始准备，也一直在想竞选演讲要说些什么比较有亮点的话，并在手机里打着草稿。可到了现场，他看着一个接一个的同学上台竞选，几乎每个职位都有人参选，这时候他就打起了退堂鼓，心想着有人给班级做事不就好了，第一次见面不好跟人家争班干部吧……等到班助最后一次询问有没有人还要上台时，他还是没能突破自己的"胆小"，没上台去。后来，他自己意识到这样不利于自身发展，要调整，要勇于尝试和挑战，于是主动参加交流活动，加了师兄师姐的微信，了解一些自己感兴趣和对实现自身价值有作用的信息。慢慢地，那个活泼的他在这个偌大的北理珠回归了。再后来，班级重新选班干部，他踊跃地报名竞选了，成为班级的学习委员，他感谢同学们对他的信任，在某种程度上也给了他很大的认可。

在他大一的时候，学院举办了一个软件测试的比赛，那时候刚接触计算机专业知识，之前又是计算机"小白"的他，就没敢多想，觉得自己不够格。后来，在学院任课老师龚老师的鼓励下，他心想着过去玩玩又不会损失什么，就报名参加了。没想到他过了初赛，获得参加决赛的机会。进决赛的团队只有他带领的团队是大一成员，其他都是大二大三的学生，那时候觉得自己运气真好，最后他们获得了比赛的三等奖，这也是他大学的第一个奖。所以，他有了心得：大学路茫茫，多尝试，多突破，多挑战自我，让自己的大学生活变得多姿多彩！

社团经历，是他宝贵的财富

回顾他的大学三年，大一至大三都积极投身学生工作中，先后担任计算机学院学生事务中心副主任、顾问和计算机科技协会微开发团队会长，2018级数字媒体技术2班副班助以及北理小报技术组人员。对于他的大学时光来说，学院事务中心、团学会技术部和计算机学院科技协会对他的影响非常大。回想起来，他之前误打误撞加入事务中心，事务中心原主任建锐师兄很真诚地跟他谈心交流，跟社团的同学们分享自己的经历，还带给同学们事务中心大家庭的温暖。师兄也以自己的行动教会他为人处世之道，他则用心汲取师兄师姐丰富的经验，提升自身能力。后来，学院团总支学生会技术部开始纳新，他对技术部的业务很感兴趣，就报名面试了。他很幸运加入了技术部的大家庭，在里面同样也遇到了志同道合的小伙伴，遇到了处处为他着想的部长和很多很好的师兄师姐，在技术部学习到了很多新知识新技能，还参加了丰富温馨的社团活动。在这两个学生组织里，他都感受到了家的温暖，找到了归属感。他大二担任学院事务中心副主任，和小伙伴带领干事协助辅导员工作，开展学生工作，把事务中心的精神传承给下一代。大三，他担任计算机科技协会微开发团队会长，加入了北理小报。转眼间就到了大四，他回顾大三一年收获满满，既学到了新的技术，让自己的能力得到了锻炼，又认识了一群志同道合的新小伙伴。未来的他将继续努力，实现自己更大的价值！

赠人玫瑰，手有余香

他还记得大学第一次做公益活动是去天佑楼，打扫教室卫生，把上下两层楼教室的椅子全部搬起来，然后拖地，最后再把椅子放下去。虽然最后手臂很酸，但是他的内心是充实快乐的，可能是因为公益、因为劳动吧。后来在师兄的推荐下，他参加了善行一百公益活动，可惜那时候周末有企业沙盘课，没办法每周末都去，最后募捐的金额是 500 元，能尽自己的努力帮助到山区的小朋友，觉得很有意义！计算机学院团学会技术部每年都会有"互联网+红领巾"活动，去给一些学校普及互联网知识，他也在第一时间报名当主讲老师，课程前后准备 PPT，准备教学素材，多次排练，最后完美完成教学任务。他看到小朋友学到新知识开心的笑容，内心收获满满，这也是他人生中第一次当老师！再后来，他作为团学会技术部的一员，每年四五月份的时候都会举办"公益维修月"活动，免费为全校师生维修电脑，在这个过程中，不仅让自己所学技术付诸实践，而且还切切实实地帮助到有需要的人，非常有意义！

不忘初心，砥砺前行

他认为虽然大学生活多姿多彩，但是自己并没有迷失，他一直知道自己想要的是什么。每个阶段达到一定的目标就越靠近自己的理想。大一至大三认真学习专业知识，他的绩点保持稳步提升，努力让自己向优秀的师兄师姐看齐。除了学习专业知识，学习之余，他还会将自己的学习心得同步到 CSDN 博客上面，希望能帮助到有需要的同学。为了增加自身竞争性，他在大三第一学期考取了软件设计师中级证书，并把复习资料和复习经验与身边有需要的同学分享，希望能帮到他们。他希望未来的自己能一步一个脚印，脚踏实地，以梦为马，不负韶华！

不负青春时光之辅导员说：

晓炜，原计算机学院 2017 级软件工程专业的学生。他大三开始准备考研，也因为考研错过了企业招聘的最佳时机。他没有抱怨，没有气馁，在大四第二个学期考研成绩出来后，他不想调剂到自己不喜欢的学校，就开启了找工作的道路。他认真梳理，在这个时期还有哪些目标公司有春季的补录，还有哪些中小型公司的岗位是和自己未来的规划贴合的，最后一步一个脚印，获得了深圳多家公司的 Offer。他说："这段时间，我很充实，白天准备面试，晚上在校园里坚持跑步锻炼，我相信我可以的……""积极主动，充满信心"，这是每一个大学生都需要的良好心态，当你处于逆境时，相信经过努力一定可以"触底反弹"。

他说：我的大学成长史

他作为一名退役大学生士兵，时刻牢记部队教诲，严格要求自身。

他在部队期间，时刻牢记自身的光荣身份，积极听从首长的指挥和领导，在具体工作当中努力发挥自身价值，对于自己所分配的工作任务认真负责，并出色完成。他用自己力所能及的力量为祖国的国防建设献出一份力。因此，他凭借在部队中的出色工作表现荣获了"优秀义务兵"嘉奖，这让他感到自豪，也是他能够在回归校园后坚持努力学习的巨大动力。

他在回归校园后，对崭新的大学生活充满着期待。对于他来说，大学是下一段崭新经历的开始。

他积极主动竞选班级委员，成为一名为班级服务的班干部。他在担任学习委员期间，能够认真、出色地履行作为班干部的职责，负责班级学生的日常考勤、个人信息统计、奖学金评选统计等工作。担任班干部是对自己处理事情能力的一种锻炼，也让他从中获取到为班集体服务的乐趣。

在进入阔别已久的大学学习中，他坚信通过自己的勤奋刻苦一定能够尽快适应大学的学习生活，追上身边同学的学习步伐。于是，他认真对待每一堂课，贯彻艰苦奋斗的精神，以身作则，发挥先锋模范作用，积极主动举手发言，善于向老师请教学习上的不懂的问题及相关知识点，从而在学习上能够取得优秀成绩。他在班级同学遇到学习问题时，能够细心解答他们提出的疑惑，帮助他们在学习上能够有所进步，带领他们提升个人成绩。

在取得优异的学习成绩后，他没有沾沾自喜，而是以此为动力，更加努力地学习。部队的经历让他明白了学习与实践相结合的重要性，这是一个人能够均衡发展的要点。"空有优异的成绩，而不参与或投入具体实践当中，是无法切实提升自己个人能力的。"他时常将这个观点用于勉励、告诫自己。他也因此积极投身学科及专业技能竞赛当中，努力提高自身的综合能力，完善自身。

处理班级事务时，在力所能及的情况下，他会主动承担，并能够出色完成分配到的班级任务。在班级需要班干部进行购书、搬书等相关工作时，他能够以身作则，积极参与班级劳动，为班级做贡献。

在生活当中，他严守纪律，合理安排自己的空闲时间，积极参与学校组织的公益活动，服务老师和同学，养成良好的生活习惯。

在思想上，受到部队经历的熏陶，他对党组织怀揣着强烈的向往，便于大一期间递交了入党申请书，成为一名入党积极分子。经过学院党组织的重重考核，终于在大三成为一名光荣的学生党员，这使他感到激动和骄傲。成为一名正式党员后，他积极向党组织看齐，进一步学会了如何去明辨是非、如何去客观地评价事物。他积极参与学校和学院的党建活动，不断提升自己的党性修养，也进一步对党的发展历程及精神有了更深入的了解。同时，他也提高了自身的服务和奉献意识。

在努力学习的同时，他也积极参与优秀学生和奖学金评比，用自己的努力来证明自己，他至今共荣获校级一等奖学金两次、特等奖学金三次，给自己的大学生活增添了色彩。

不负青春时光之辅导员说：

他作为一名退役大学生士兵，时刻牢记部队教诲，严格要求自身。他认为

雏鹰展翅志高远 用奋斗青春书写大学时光

从军入伍是每名适龄青年的应尽义务,是每个热血男儿的应有之志,尤其是对于一名青年大学生来讲,更应当以报效国家为己任,在国家需要的时候义无反顾地投身其中,让自己的闪亮青春在火热的军营中放射光芒。

【小常识】

每年的征兵时间两次(上半年和下半年),以 2022 年征兵为例:上半年为 2022 年 2 月 15 日—3 月 31 日,下半年为 2022 年 8 月 15 日—9 月 30 日。报名渠道:全国征兵网、手机关注"中国民兵"微信公众号。

他说：勤能补拙，笨鸟先飞

第一次接触计算机科技协会是在大一"新生杯"的时候，在班助的鼓励下，当时还是电脑"小白"的他，拉上朋友参加了第八届 C 语言挑战杯，虽然只拿到了三等奖，但是计算机科技协会的学习氛围不断地吸引着他。2019 年的暑假，他有幸参加了计算机科技协会举办的暑期 ACM 集训，也因代码认识了一群有趣且幽默的小伙伴和耐心可爱的师兄师姐们。在 ACM 的集训过程中，很苦、很累，但是可以学到很多东西，也过得很充实，还认识到自己的不足。在那段时间里，他非常感谢师兄师姐给予他的帮助，当他懒惰时，是师兄师姐的一句句鞭策，让他醒悟；当他自闭时，是师兄师姐的一句句鼓励，让他重获信心。"勤能补拙，笨鸟先飞"是 ACM 的队训，也是他在集训过程中感受最深的一句话，他会将这八个字铭记于心，继续修炼自己。

格物致知，知行合一

人生如同一场马拉松，不管过程中的枯燥和焦虑，都不忘提醒自己出发时的初心，以及坚持到底、有始有终的勇气和决心。作为一名预备党员，更要保持自己的那份初心，以社会主义核心价值观为引领，保持思想积极向上，真正做到修德立信。在新冠肺炎疫情中，他积极响应党的号召，参加了社区志愿者，每天为社区的居民测体温，记录居民的出入情况，定时给社区喷洒消毒水，为疫情防控奉献自己的绵薄之力。同时，辅导员助理是他在学校任职时间最长的一个岗位，虽然需要处理的事情很多，但他依然坚守在这个岗位，因为这份工作不仅可以帮助到同学，还可以学到很多为人处世的道理，让他学会如何平衡学习和工作，学会劳逸结合，更让他时刻提醒自己努力做好老师和同学之间的桥梁，为同学排忧解难，一心一意做好服务工作。**为者常成，行者常至**。他在以后的工作和学习中，带着自信、责任和热情轻装上阵，不断体现自己的价值，不忘记自己的初心，才能达到自己想要的高度。

脚下有路，眼前是光

作为一名大学生，他积极参与社会实践，努力提升个人才干，力求做到开拓创新。2019年10月，他进入深圳刺猬教育科技有限公司的刺猬校园广东团队实习，并顺利拿到了刺猬校园的实践证明。与此同时，他和他的合伙人创立了"微巷数码共享"创业项目，通过了校级立项，创立的"無创文化传媒"于2021年成功入驻学校的创业工场（国家级众创空间）。無创文化传媒旗下品牌主要分为"無创展览馆"和"钛科闹了技"两个主要品牌，涵盖新媒体、时事热点、影视、设计、漫画、运营等多个领域，以满足当今社会年轻人对精神文化的需求以及对物质方面的需求，致力于大学生文化传媒事业的发展，提倡"这里等着年轻人来诉说心声"的生活新理念。"無创展览馆"创立至今累计粉丝达2.1W之多，平均阅读量1 500+，2020年12月举办"镜看世界"摄影比赛，阅读量4 500+，受到珠海市仕界相机有限公司以及本校同学们的一致好评和肯定。"钛科闹了技"B站运营至今积累粉丝1.8W，最高播放量71W，头条账号粉丝5 100，知乎粉丝量7 428，与联想（北京）有限公司达成合作成为联想产品指定评测团队，负责评测新产品以及未上市产品，以"零成本"为起点，使爱好者有"零距离"的接触，更能切身了解数码产品的强大功能和全新体验。他认为科技融入生活，产品走在时代前端，新科技大众化将不再是梦想。

雏鹰展翅志高远　用奋斗青春书写大学时光

践行公益，做好榜样

公益对于他而言是一种快乐，一种忙碌中使人放松的快乐。公益丰富了他的大学生活，从入学到现在，他积极参加并举办校内外各类公益实践活动，主要有"弘毅楼课桌文明""美化校园""知行楼清洁""明德楼机房清洁""爱国卫生月""圆明新园清洁""大手拉小手 DIY 活动"等，在校期间，累计公益时数291。在做公益的过程中，他一边享受公益带来的乐趣，一边学会如何为人处世。在大一时受到班助的影响，他心里早已埋下一颗要当班助的心。面对班助事务的烦琐，他从一开始的力不从心，到后面的从容应对，这个过程虽然非常艰辛，但也让他从中学会了如何提高做事效率，学会更好地平衡工作和学习。在这一年里他非常幸运地遇到2020级计算机类1班的小可爱们，与他们共同进步、共同学习的过程，为他的大学生涯画上了色彩缤纷的一笔。

梦很远、心很大

梦想就是沙漠中的一滴水，给干涸的人生存的希望，让人有勇气背起前进的行囊；梦想就是海上的指南针，给远航的人带来方向；梦想就是黑暗中的一缕光，给人带来希望；人总要有梦想，万一实现了呢？

不负青春时光之辅导员说：

他是2018级计算机学院计算机科学与技术专业的陈志强，同学们经常喊他"志强""自强"。在校期间，他穿梭在校园的各个角落，图书馆志愿活动、机房公益活动、班级活动，他多次获得国家励志奖学金、助学金、奖学金，到了大四他的身影"消失"在图书馆、自习室中，他在追逐新的梦想——"考研"。

"勤能补拙，笨鸟先飞"，他用行动践行着，他用毅力支撑着，这也是大学生应该有的一个画像——"人总要有梦想，万一实现了呢？"

他说：与时间赛跑要不断前行

今年是他在大学的第四年，时间匆匆，仿佛昨天才踏进校园。他认识了很多朋友，做了很多事，每当回首，似乎一切是多么地不可思议、有缘。

他与计算机的不解之缘

让他印象最为深刻的便是计算机与自己的缘分。初中的他，"玩"就是他上学的代名词，学习被他抛之脑后，而每天如期而至的便是玩电脑，以至于他的学习成绩一落千丈。当然像许多人一样，在初三的时候也曾经努力过，可是时间不会等你，中考后的抉择就是技校与高中。

而在这时，在一个偶然的机会下他在电视上看到了清华学霸高中自学编程的事情，让对编程毫无概念、好奇心无比剧烈的他，拿起他最擅长的电脑，在百度翻阅，并在指引下开始了他的计算机之旅。

在那个抉择的暑假中，他加入了各种 QQ 群，开始了自学之旅。也因此让他庆幸地认识了很多像他一样的人，他们有社会上准备转职的人、大一新生、高中生、初中生，甚至是小学生，由于自学而走到了一起。那个暑假还算圆满，他收获了 C 语言和 Java 相关的大一的课程知识，更为重要的是奠定了他对计算机编程的浓厚喜爱，但他觉得最大的收获莫过于让他知道"学"的重要性。所以他理所当然地选择了后者，进入他们市很一般的一所高中。凭借着对计算机、大学的热爱与憧憬，他努力学习，在高考平均几个一本生的学校里脱颖而出。

在对大学的憧憬下，家里本不富裕的他，以距广油 2 分、吉珠 1 分的距离，来到了北理珠。知道结果的他十分高兴，一切都是那么巧合，庆幸着能够在北理珠更好的生活环境中过完这漫长而短暂的四年，而且这也让他在学费的压力下更加努力地前进，更为重要的是，他无须转专业就如期而至地来到了他热爱的计算机专业。

精益求精，勉力前行

2018 年暑假，他重拾初中所学的知识，一切的一切似乎就在昨天，当时的那群人也各自走向各自的旅途，而他知道他的旅途才刚刚开始。暑假复习和自学 C++后，他带着对大学的憧憬，迎接开学的到来。

为了全方位的发展，有个充实丰富的大学生活，他做了很多努力。在班级竞选班干部中，在激烈的心理斗争和班助的鼓舞下，热衷结识朋友、乐于助人、责任心强的他在极度紧张下参与竞选并成为计算机 3 班的副班长。他与同学打成一片，获得同学们的认可，荣获了 2018 年"优秀学生班干部"。第二年的他也在此机遇下荣任软件工程 3 班的副班长。

社团是大学丰富生活的重要一环，他参加了很多社团。为了锻炼自己社交组织能力和培养除专业能力外的兴趣爱好，他加入了北京理工大学职业发展协会传媒部，在这里他结交了许多各年级专业的朋友，并将所学的摄影摄像剪辑等技术用于服务大家。在春秋招聘会中他任学生新闻记者志愿者，服务快毕业的师兄师姐；自学 AE、PR 等技能制作视频，在学校各大报告厅和食堂播放。

专业能力的提升至关重要，因此他加入了计算机科技协会。在这里他遇到了志同道合的朋友，遇到了一起参加 ACM 比赛的队友，ACM 比赛成了他大学学习中最关键的一环。

在学习和锻炼自我的进步中，为了提升自己的眼界，将知识化为实践，他加入了京涛海纳工作室。在京涛海纳这个大平台中，他得以与优秀的同届生、

雏鹰展翅志高远 用奋斗青春书写大学时光

师兄师姐学习和合作，无论是自信还是各方面的能力都有了质的变化。也让他有了这么一个机会，运用所学知识去服务学校，服务师生，他运营开发的微校园、毕业照小程序，都获得了广大师生的好评。

十分庆幸，在这浓厚的学习气氛、真诚的同学和社团情谊下，他不断完善自己，勉力前行。

授之以鱼又授之以渔

在这几年里他学会了很多，而这要感谢的是学校的同学、辅导员老师和师兄师姐们，他们无私奉献，授之以渔。大二、大三成为师兄师姐并且乐于助人的他，也积极在新生群里授予他们各种知识，让他们更好地体会到学校的友爱。在学院里成为计1的副班助，他将自己大学的成长、学习等经验分享和传授下去，为像当年迷茫的他一样的他们指明方向。在社团中他也选择了继续留任京涛、科协，将自己所学的知识传授于学弟学妹们，他也坚信只有教会了其他人自己才是真会了。在科协程基小课堂，教授新生算法知识；在 ACM 集训中，教授新生系统化的算法体系，并出题解答；在京涛的培训中，传授他们开发项目的经验、为人处世的方法、为学生服务的精神。

疫情突如其来，虽然我们在时空上隔绝，却隔绝不了我们传播知识。在网课中远程协助，他积极地帮助同学。在科协和京涛，他也不落下一节课，坚持每星期的授课频率，在网课中积极交流，生怕遗漏了什么。这些网课不仅让许多热衷计算机的学弟学妹们学到知识，也让一些其他学院的学生接触和学习计算机专业知识，并如愿地转到了计算机学院，并成为优秀的一分子。特别是在疫情期间，他组织他们参加算机设计大赛并取得良好的成绩。

成功从来不是一蹴而就

严于律己，珍惜眼前，抓住机遇，这是大学生的他最简单的追求和原则，让他积累能力，为迎接困难、挑战而筑起堡垒。

大一的他起初能力远远不足以让他在各大竞赛中与前辈们去竞争，但是他不甘落后，在科协参加科协程基小课堂学习算法基础知识，参与 ACMer 两日计划比赛训练自我，在 ACM 暑假集训建立完善的算法体系，加强训练。努力拼搏终于换来厚积薄发，他起初在第八届 C 语言程序设计挑战杯中夺得了第二名的成绩，之后也陆续取得大大小小算法竞赛国家级奖项 1 项、省级奖项 4 项、校级奖项 2 项。

若算法是计算机程序的地基，那么项目就是计算机的高楼大厦。在京涛社团中，他开始接触了前端基础，编程呈现的精美页面，让他编程的动力更加充足，并且在 ACM 集训期间抽出时间自学了 PHP 和 MySQL 和"爬虫"等大二大三的专业知识。他在大一下学期参加中国高校计算机设计大赛的过程中将知识联系在一起，从理论转为实践，通过几个月的奋斗，制作微效笔记，在大一便荣获中国高校计算机设计大赛华南赛区二等奖。在后续的疫情期间，他带领队友通过线上 Git 协同合作，参与、维护、开发毕业照、微校园、疫情监控系统等并参与比赛，总共荣获省级计算机项目类奖项 3 项、校级 3 项。

除了专业知识竞赛，他也积极参加学院和学校的公益活动，担任志愿者服务学校、社会，并获得优秀团员 3 次、优秀学生/班干部 2 次。他认为学生的主要任务就是学习，所以课程学习他也不甘示弱，专业绩点排名第 5，也连续 5 次获得一等奖学金，虽然曾与特等奖只有一名之差，但这学期绩点 4.3 的他有把握和信心去冲刺特等奖学金。凭借这些积累，他荣获校博学多才榜人物、揭阳市精英大学生的荣耀称号，而后续的他会继续努力加油。

如果问他大学如何坚持下去，那么就是：学习积累知识，并将其化为实践，循序渐进，认真做好每一件事，化量变为质变，将天时地利人和凝聚成为能力，从而做出作品，获得荣誉，增强动力，从而不断前行。

不负青春时光之辅导员说：

"授之以鱼又授之以渔"，他是学院实验室 102 的常驻"人口"，在那里他和团队成员们一起训练、参加比赛、制作项目。他是揭阳市精英大学生、学校博学多才人物，传承团队精神，离不开"努力"两字。

他说：行远自迩，笃行不怠

他叫张竣豪，来自计算机学院 2018 级计算机科学与技术 3 班。"行远自迩，笃行不怠"是他大学求学生涯中用于激励鞭策自己的格言，其意为：走远路必须要从近处走起，切实履行所学，不倦怠。

三年前因为心怀对信息技术的向往，他选择了计算机这个专业。但是在上大学之前，他只知道电脑可以用来上网，计算机专业基础知识为零的他被大一繁重的专业课打了个措手不及。在大一的摸爬滚打后，他仅仅以中等的成绩结束了大学的第一年。当时看着身边的同学拿奖学金，获得各种比赛奖项，他十分羡慕。但他相信只要自己不放弃，脚踏实地去努力，也会有属于自己发光发热的机会。

以赛促学，以学促创

大一即将结束时，计算机学院的 ACM 暑假集训开始报名了，他抓住机会提交了报名信息。当时集训是在期末考结束后，需要留在学校封闭训练一个月。但就是这一个月的集训对他以后的大学学习和生活产生了深远的影响。那一个月的时间他和伙伴们在机房进行"997"的作息，在师兄们的带领下一起学习、刷题、比赛，其中让他印象最深刻的事情，是他们一群人在台风天依然义无反顾地奔往知行楼打卡学习。经过这一个月时间的磨砺，他的代码水平快速提高，因此获得了许多参加比赛的机会，同时结交了一帮志同道合的队友。

暑假过后，新学年的蓝桥杯大赛，正是检验他学习成果的时刻，他以校内选拔赛一等奖晋级省赛，这给予他极大的鼓舞，从此他对学科竞赛充满了热情。同时受到师兄和队友们奋发向上精神的感染，他在专业课程上的学习更加努力，拿到奖学金的等级从三等奖到一等奖，这也许就是榜样的力量吧！大二和大三两年间，计算机相关的学科竞赛，诸如蓝桥杯、挑战杯、天梯赛、计算机设计大赛和程序设计竞赛等，他都获得了省级以上的奖项成绩，他凭自己的努力为学校争光、得到认可的喜悦，让他领略到竞赛的魅力，更激发了他继续拼搏的斗志。

校内实践，学以致用

在大二第一学期，一次偶然的机会让他得到了校内的第一份工作——布莱恩特项目 IT 行政助理，日常主要负责运维学院的教学设备和协助老师处理行政

雏鹰展翅志高远 用奋斗青春书写大学时光

工作，在其位谋其政，任其职尽其责，这份学生助理的工作让他变得更有责任感。在工作过程中经常需要与外籍教师交流，而且没有外援，一切问题都要独自去面对，并不擅长英语口语的他也只能迎难而上。自此，他开始逼迫自己练习口语，锻炼胆量，最终他排除万难，成功胜任了这份助理工作，工作态度和业务能力也得到了老师的肯定。

去年疫情后返校，因为外籍教师仍在海外，需要使用 ZOOM 远程连线授课，他们助理团队负责完成三层教室的直播软硬件平台搭建工作，并在授课过程中关注网络时延、保证直播课质量。在两年的助理工作中，他能够将课堂上的内容如计网、操作系统、Linux 等知识运用于工作，从"理论派"转变为动手实践的"行动派"。

真诚奉献，谱写青春

大学生正处于风华正茂的青年时代，青春韶华转瞬即逝，身处新时代，大学生应积极奉献社会。在大一时，他便加入了学校的青年志愿者协会，踊跃投身于志愿活动，在珠海会同村志愿行中给小朋友带去欢乐，在香洲总站、唐家湾站为旅客指引家的方向，在献血活动中传递爱心。此外，他还加入了家乡的大学生联谊会，利用寒暑假的时间前往敬老院、福利中心参加敬老关怀活动，组织并参加旧衣回收、书籍捐赠等公益慈善活动。他认为，大学生作为未来社会建设的主力军，参与社会公益活动、培养社会责任感有非常重要的现实意义。

在大学的最后一年时光,他会继续以积极向上的态度拥抱未来出现的一切未知。他感谢在过去时光中一直伴他前行的家人、老师、朋友。漫天星光沿途散播,长路的尽处有灯火,他祝愿大家都有光明的未来!

不负青春时光之辅导员说:

"时光不负有心人, 星光不负赶路人", 他知责任、有担当,他爱学习、勤实践,他勤思考、乐助人,从初入大学的"小白"到专业达人,从"哑巴"英语到外教助手,从"理论派"转变为动手实践的"行动派"。"行动"是核心词,大学学习不同于高中,大学相对于高中有比较多的自由时间,你可以选择"躺平",也可以选择"奋斗",他就是"奋斗"中的一员,有积极向上的心态,跨学院兼职,服务家乡做奉献。

他说：以梦为马，驰骋天涯

仍记得大一刚来学校报到那天，云很淡，风很轻，他背上行囊，怀揣着梦想，来到了北理珠，开启大学的新篇章。他仍记得第一次上编程课，课上老师教他们用 C 语言编写 Hello World，引领他们编程入门，体会编程之美。第一次上编程课是多么有趣，仍记得……

一切看起来都是那么的美好，他心中有着无限的想法，要好好听课，要多参加比赛，有着一大堆的梦想。但很快现实就给他泼了一桶凉水，计算机并没有他想象得这么简单，随着课程的深入学习，他发现知识越来越抽象，不懂的知识越来越多，每天都要面对着无尽的 BUG。说实话，他曾想过放弃，但出于强大的内心，以及梦想的支撑，他决定要克服困难，每天利用课余时间向老师、同学请教，买课外书自学，想尽一切办法提升自己的能力。他始终坚信有付出就有收获，哪怕每天进步一点点。

心怀梦想是他这一路披荆斩棘走过来的动力，梦想无论大小，只要你有敢于拼搏、敢于追求梦想的心，那么一切困难和挫折在梦想面前都会变得渺小。以梦为马，驰骋天涯。

不断参与，丰富自己

大学有着各种各样的社团以及各种各样的比赛，可以积极参与，丰富自己的大学生活。他加入的第一个社团是计算机团总支学生会技术部，在那里认识了一群对电脑硬件有着同样兴趣的小伙伴，同时在社团学长学姐的带领下也参加过一些有意义的活动，例如，公益维修月面向全校师生免费维修电脑、计算机学院"互联网+红领巾"公益活动等。

出于对数学的热爱，他加入了数学建模协会的教学部，从那时候开始就走上了建模的道路。一朝建模，终身受益。他有幸参加2019年的全国大学生数学建模大赛，比赛的那三天是他学习能力提升最快的三天，虽然过程很辛苦，但结果对得起他们的付出，最终在和队友的共同努力下取得了数学建模国赛广东省二等奖。

在大一上学期末的时候由于参加了学校的C语言程序设计大赛取得了二等奖，所以他成功地加入了程序设计基础协会的大家庭，不断地进行编程训练以及给学弟学妹们上算法课，也不断提升着自己的代码能力。同时，他认为对他自身专业提升最大的是参加了暑期ACM集训，在师兄们的带领下进行魔鬼般的集训，那一个月的时间里基本上待在机房，执行"997"的集训作息时间，集训队友们互相鼓舞，一起刷题一起比赛，累并快乐着。

在大二期间，他很荣幸地成为ACM校队的一员，通过刻苦训练获得了"远光杯"粤澳计算机程序设计大赛决赛三等奖和蓝桥杯全国软件技术专业人才大赛广东赛区C/C++程序设计二等奖。进入大三之后，他成为计算机科技协会微开发协会的会长，带领着团队一起学习，一起开发项目。不断参与一些优秀的社团，认识一群优秀的人，是他在北理珠的一大幸事。

反思总结，积极进取

反思，就像一面镜子，能照见人的污浊；反思，就像清醒剂，在你迷糊的时候把你唤醒。一个善于总结反思的人往往离成功更近。无论是在学习还是日常生活中，善于总结反思是非常重要的，这不仅可以让一个人更清醒地认识自己，还可以避免走很多弯路。

他每天临睡前都会问自己几个问题：今天把时间花在什么上面了？今天又学会了什么？今天又有什么事情是令自己后悔的吗？通过自己内心的回答来总结反思自己，有则改之，无则加勉；通过总结反思来吸取经验教训，从而不断进取，不断成长。

积极的人生可以使人进步，使人更完美，同时积极进取也是时代给我们提出的要求，我们只有积极进取，勇于克服困难，敢于战胜自己，不断地为目标而努力，才能跟上时代的脚步。

不负青春时光之辅导员说：

"反思，就像一面镜子，能照见人的污浊；反思，就像清醒剂，在你迷糊的时候把你唤醒。"一日三省，每天回顾自己一天的时间安排，看是否偏离了奔赴目标的轨道，能够及时调整自己的行为，不会让自己等到时间已经完全过去，才发现目标已经遥不可及，而追悔莫及。

她说：自强为天下健，
志刚为大君之道

梅丽芳，计算机学院 2018 级软件工程专业的学生。她来自广东梅州，从小住在大姨家，家庭条件比较艰苦，父母在她很小的时候就外出打工，从小学一年级才回到父母身边，平时有空她就在父母店里帮忙。虽然日子过得不算富裕，但父母经常教导她："比起那些吃不饱穿不暖的人来说，我们已经幸福得多了。"父亲的一句"**自强为天下健，志刚为大君之道**"一直激励着她努力前行。

投身实践，展示学生精神风貌

在校期间，她认真学习，勤奋上进。为了更好地将课上所学融会贯通，她抓住每一次机会到社会上积极锻炼自己。大三的寒假她选择了参加 2021 年寒假母校回访实践活动，并有幸担任梅州高级中学实践团队的组长，以感恩之心走访中学母校，向老师汇报大学学习生活，并通过举办现场活动让学弟学妹们进一步了解北京理工大学珠海学院，并扩大其影响力。

而现如今，她选择来到珠海汇流信息技术有限公司学习，先后参加了以"疫情期间，居民购物行为研究调查""传统文化的继承与发展"为主题的社会调研活动，积极投身到祖国建设的调研中，尽自己的绵薄之力；并与学院同学及辅导员组成

雏鹰展翅志高远　用奋斗青春书写大学时光

"计算机学院企业零距离"小分队,一同参与了教育部社会实践。通过参与这些实践活动,她不仅得到了锻炼,并且在此过程中向社会传递了正能量,她也希望更多的大学生能够参与其中。

努力拼搏,展示学子自强不息

早在大一的时候,她就为自己做好了目标规划,不断朝着自己的目标前进。为了提升自己的综合实力,她参加校内外比赛有40余场,共获得过国家奖5项、省级奖1项、校级奖18项、院级奖7项、1项校级大创立项。

除了充实丰富的课外活动,她还是计算机学院2018级软件工程3班的班长兼团支书。在同学们眼中,她沉稳大气,办事可靠,积极奉献,甘于吃苦。在她的带领下,班级荣获"先进班集体""五四红旗团支部"等荣誉称号,并在系里组织的篮球赛中获得了亚军;2019年9月,她同时担任院学生会技术部部长,参与了部门的建设和发展规划,策划并举办义务维修、"互联网+红领巾"、"装机擂台挑战赛"、"公益维修月"等活动。尤其是带领部门干事前往珠海唐国安纪念学校,参加志愿者服务活动,为小学生讲解有关Scratch编程的知识,拓宽他们的知识面,激发他们的学习兴趣等,获校级立项。

雏鹰展翅志高远 用奋斗青春书写大学时光

2020年9月,她担任计算机学院2020级计算机类5班班助,帮助新生解决学习和生活上的难题。在此期间,带领他们前往圆明新园维护环境卫生,积极响应习主席"绿水青山就是金山银山"的号召。面对疫情,作为班长和班助的她,积极配合学校工作,每天督促两个班级的学生填写防控疫情调查问卷，确保不落下任何一个同学，为学校顺利开学奉献自己的一份绵薄之力。

服务他人，展示学子志愿精神

作为祖国的未来与民族的希望，大学生承担着十分重要的使命，而大学生

雏鹰展翅志高远   用奋斗青春书写大学时光

志愿者更是当代大学生中的优秀群体，作为其中的一员，她先后参加了灾后救援、母校回访、校运会、毕业生离校、高数小课堂等志愿服务活动。一路走来，她一直带着感恩上路，用感恩回报他人，回报社会，奉献自己的绵薄之力。

她认为大学生参与志愿服务活动不仅可以保持积极乐观的心态，而且能够收获友谊、学会感恩、得到成长。在今后的学习和工作中她会一如既往地参与志愿服务活动，感恩社会。

积极进取，展示学子严谨治学

她一直严格要求自己，全面提升自身综合素养，努力成为一名对社会有用的人。她感谢家人的教导，感谢师长的关怀和同学朋友的支持鼓励，让她变得坚强和自信、执着和勇敢；参加一系列的志愿活动让她学会了承担、感恩和分享；作为一名大学生和中国当代青年，她深知自己的使命和责任。未来的路还很长，她将更加努力，在自己的追梦路上勇往直前、砥砺前行！

不负青春时光之辅导员说：

"青春是用来奋斗的"，她曾是学院学生会技术部部长、低年级学生班主任助理、辅导员助理，为人诚恳善良，工作认真负责，是老师的好助手，是学弟学妹的好榜样；她的家庭经济一般，勤俭节约是她的生活准则，通过努力学习获得多次奖学金，通过勤工俭学获得生活的补助；她有一颗真心，常怀感恩之心，尽自己的能力去帮助身边的人，利用寒暑假深入实践，去服务社会，承担一名大学生的社会责任和义务。她经常说自己是一名普通的学生，常常想自己能够为这个时代做些什么，同时脚踏实地做好自己能力所及之事。

工作案例：义务维修

一、项目名称

义务维修。

二、项目理念

21世纪是人类走向信息社会的新世纪，是网络风起云涌的新时代，是超高速信息公路建设取得实质性进展并进入应用的新时代。电脑的应用面日益广泛，在大学的校园里，几乎人手一台电脑。然而，在电脑为我们的学习和生活带来了极大方便的同时，随之而来的问题也越来越多，例如各类病毒的侵蚀、文件丢失、数据破坏、系统瘫痪、硬件老化、黑屏、蓝屏……这些问题对我们的学习、工作以及娱乐造成一定程度的影响。对于这些常见的故障，许多同学都缺少维修的经验，如果要上报厂家或者经营者维修又会耽误时间，影响工作学习，另外有时维修费用过高也会在一定程度上增加经济负担。于是，校园内普及电脑知识、使用技能以及拥有专业的维修队伍尤为重要。计算机学院团总支学生会技术部是集专业知识与工作理念于一体的部门，学以致用，服务师生，反馈社会，秉承"全心全意为师生服务"的宗旨，开展"义务维修"项目，将培育和践行社会主义核心价值观着重落实在实际行动上。

三、项目运作

（一）项目主体

计算机学院团总支学生会技术部。

（二）项目对象

全体在校师生。

（三）项目时空

自 2012 年 3 月在北京理工大学珠海学院开始实施，涵盖全体在校师生。

（四）项目内容

有着良好服务态度及维修经验的一支具有较高计算机专业水平并乐于助人热心服务的团队——计算机学院团总支学生会技术部，尽最大努力为全校师生解答各种与电脑相关的问题，促进电脑、互联网知识的普及，指导和引导同学们合理使用和维护电脑，授以同学们关于电脑的更深层次的知识，并提供最优质的免费电脑维修服务。同时也宣扬和践行"全心全意为师生服务"的宗旨。

"五个通道"和"五个小组"构成了日常义务电脑维修。五个通道：学院微博私信、Q 群上联系、微信平台报修、短信或者电话咨询；五个小组：按照周一至周五的顺序，设立五个维修组，提供线上线下电脑维修。

一个维修月，现场教学。除了日常的义务电脑维修，为了扩大活动的影响力，进一步宣传活动，促进大学生践行社会主义核心价值观，每学期开展维修月活动，在学校定点摆摊；一方面通过宣传单和现场教学的方式进行电脑知识的普及；另一方面现场接维修单，帮助在校师生维修电脑。

主要通过以下几个方面进行项目管理：

（一）自主管理、自我服务，以老带新

每年招收新成员，为项目的开展不断注入新鲜而活力迸发的"血液"。秉着自主管理、自我服务精神，对成员进行分工与培训，采取以老带新的形式，不断学习新知识，提高技能。进行相关技能培训，在维修月前期更是加班加点学习，充分策划，确保每位工作人员的维修能力以及团队合作能力，做到分工明确、各司其职、各尽其能，做到服务他人、提升自我。

（二）分工明确，日常工作"线程化"

建立微博、微信及维修组，提供日常维修服务，维护工作。其中，每天的维修工作由当天的组长负责，责任到人，进行定期培训，以及每月召开总结会议，不断提高进步。电脑义务维修流程分为三步：第一步，登记以及检测。对于有问题的电脑，进行登记，记录物品，检测电脑故障问题，给予客户初步电脑问题鉴定，阐述问题以及原因。第二步，复检以及维修。再次检测电脑，确定问题，备份资料，经过协商，进行维修服务。第三步，归还与登记。当问题解决后，及时归还以及登记在案，并在一周内咨询使用情况。

对于每一次维修，严格记录在案，及时咨询访问，确保真正解决了电脑问题，为同学和老师带去福音；对于每一次活动，自主撰写策划书，安排任务与要求，自主设计海报横幅，活动前积极准备，活动后总结、反馈，确保日后活动的顺利进行；对于每个问题，都会在会议上进行讨论，总结，为解决问题出谋划策。

（三）服务师生，营造互助氛围

全年提供的义务维修服务，运用远程指导、交接电脑维修等方式，不管是日常的义务维修以及提供咨询服务，还是每年4月的义务维修活动以及基础公开教学，始终带着饱满的激情去提供最好的服务。为回报学校师生的信任，也将继续把这种公益活动进行下去；同时希望通过这些活动加强同学之间交流，在学校里形成一种同学之间相互帮助的良好氛围。

（五）项目程序

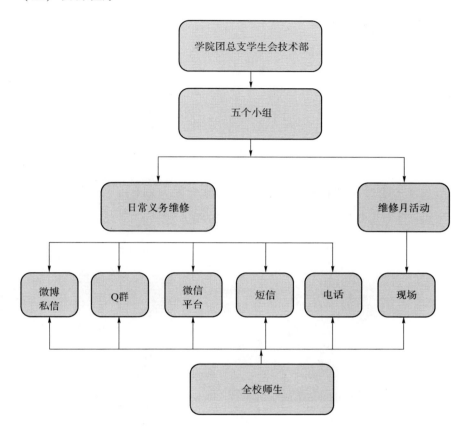

（六）项目支持

计算机学院、计算机学院团总支学生会技术部、朗山公益。

（七）技术方法

项目开展采用 4Y 项目管理模式，即：Y1——计划到位；Y2——责任到位；Y3——检查到位；Y4——激励到位。

计划到位：好的结果来自充分的事前准备和有效的协同配合。

责任到位：计划的完成需要行动的支撑，责任到人才会有真正的行动。

检查到位：确保工作能够顺利开展，检查到位，通过检查反馈的结果进一步促进工作的有效开展。

激励到位：有反馈必有激励，激励每一位成员积极参与到项目中。

四、项目特色

自 2012 年 3 月起为全校师生免费提供电脑义务维修服务，至今已连续举办 5 年，分为日常服务及公益维修月，服务达 4 268 人次。本学年，累计提供服务 468 次，服务 782 人次，其中院内 112 人次，校内 670 人次。

为校内不同学院不同专业大大小小团体以及师生提供优质的电脑公益维修以及基础教学，解决电脑故障难题以及推广电脑基础知识，每学年的第二学期

开展维修月定点活动、电脑教学课堂，以及维修群答疑，宣传公益精神，带动电脑知识普及，提高自身团队素质，活动有幸登上《珠海特区报》。

项目获学校第二届学生自治案例一等奖，2015年获学校"朗山公益"启动资金专项支持。

五、预期目标

为广大师生提供电脑义务维修和技术支持，让学生们学以致用，服务师生，反馈社会，秉承"全心全意为师生服务"的宗旨，开展"义务维修"项目，将培育和践行社会主义核心价值观着重落实在实际行动上。

第四章
雏鹰展翅志高远面向未来

他说：一直在努力

进健，2017年9月入读于学校工业自动化学院机械设计制造及其自动化专业，经过一个学期的思考与选择，结合自身性格特点及兴趣，于第二学期转入计算机学院软件工程专业，正式开始了他的计算机求学之路。

在原专业，他是个能拿三等奖学金的普通学生。转入软件工程后，由于第一次接触代码，上课听不懂时他就一边上课一边用手机录制视频，课后反反复复去听。尽管转专业的原因使他上的课程比同班同学多，但他还是凭借着自身的努力在转入的第一学期就拿到了二等奖学金，成功追上同学的脚步。在学习上，他始终相信只要肯花时间去努力，就不会有解决不了的问题，因此大学期间大大小小的课后作业、课程实验，他均坚持独立完成。在此后的学习中，他共三次获得一等奖学金，两次获得二等奖学金，两次获得三等奖学金，两次获得优秀学生荣誉称号，两次获得优秀团员荣誉称号，一次获得国家励志奖学金。在努力学习的过程中，他认识了几个志同道合且同是转专业的优秀学生，他们一起学习，共同奋斗，无论是什么课程，课桌前三排总少不了他们的身影。他认为也许自己不够优秀，但他从未停下追求优秀的脚步。

在校内实践方面，在原专业时他积极参与班级班委评选并成功当选。为了更好地锻炼工作能力，他加入校勤工助学中心服务部担任社团干事。为了体验社会底层工作人员的艰辛，更好地帮助弱势群体，他积极参与校内外公益。他参与过大大小小多次竞赛，小到社团的三元生存大挑战，大到蓝桥杯，尽管很多并没有取得很好的成绩，但对于他个人的实践经历及心理发展而言，这些都是宝贵的经验。也正是经历了无数次失败才培养了他永不言弃、屡败屡战的奋斗精神。

在校外实践方面，他参与过寒假母校回访活动，也举办过新生交流会。周末时间里，他忙碌在各种兼职中，做过深圳某公司的线上兼职，也在大二、大三期间做过珠海家教老师、机构辅导教师，利用自身所学知识，提前步入社会获取宝贵的工作经验的同时，赚取生活费，减轻家庭经济负担。为了更好地提升专业技能，他在远光软件股份有限公司担任 Java 开发工程师实习生 3 个月，在珠海伟诚科技股份有限公司担任软件开发工程师实习生 2 个月。因为实习，他遗憾地错过了秋招黄金期；因为没有时间准备笔试、面试，他在求职中屡屡碰壁。他不甘心，作为一个在学业中成绩还算不错的北理珠学子，他始终相信自己的学习能力，也相信母校的教育，他决定采取以战养战的方式，来提升自己的个人能力。每当面试完一家公司，他就会把面试中面试官问到的问题记录下来；他允许自己不会，但他不允许下一次面试的时候自己还是不会。最终在历经了 N 次面试后，他成功拿到了几家心仪公司的 Offer。回顾自己第一次面试时一问三不知的尴尬经历，求职期间他得到的不仅仅是专业技能上的提升，更有口语表达、待人接物、行业视野上的提升。

大学四年里，无论校内校外，他认为自己入过大大小小无数次的"坑"，也向社会交过无数次"学费"。因为自己有过"入坑"的经历，也曾在无助懵懂时受到同乡、班助的帮助，所以在看到新入学懵懵懂懂的学弟学妹时，他总是会不由自主地去分享自己的一些"入坑"经历。本着"也许不能带他们变得优秀，但起码可以让他们少走一些歪路这样"的初心，他积极帮助学弟学妹，为他们分享自己的一些经验教训，给予他们一些学习上的建议。在临近毕业的前些天，他收到了一位学弟用奖学金给他买的毕业礼物，学弟告诉他目前自己已经获得了特等及一等奖学金，也获得了一些竞赛奖项，现在也跟他以前一样去帮助学弟学妹。其实对这份礼物他感觉受之有愧，对于他而言，只是动动嘴分享了一些自己的学习经验；但他很开心，因为学弟向他证明了自己曾经的热情没有白费，这份帮助被传递了下去。

　　落后就要挨打，发展才能自强。时代在进步，作为当代青年，他不甘心做一条没有理想的咸鱼，要做也要做最咸的那一条。也许他还不够优秀，但他不会放弃理想。在努力奋斗的道路上，他感恩来自家人、学校、老师、同学乃至社会给予自己的帮助，他期望自己能变得更加优秀，可以和同学们分享他的成功与喜悦，为此他一直在努力。

不负青春时光之辅导员说：

　　互联网行业迅速发展，发展带来行业人才的大量需求，人们对于行业相关专业的建设和学习也越来越多。每年的迎新前期，都会收到不少新生家长咨询转专业的电话，"我的孩子想要学习计算机相关专业，入校后，有哪些转专业的机会？"计算机学院每学期申请转入的学生是录取名额的两到三倍，如何能够在众多申请者中脱颖而出，这必须考验你是否真心喜欢这个专业，是否有为转专业做准备，入校的这一学期有没有关注想要转入专业的课程等。而对于每学期转入的学生，也有不少挑战，既要学习本学期的课程，还要补以往的专业课程，进健很努力，在转入的第一学期就获得了奖学金，"他不甘心做一条没有理想的咸鱼，要做也要做最咸的那一条。"

她说:做一个进取乐观新时代青年

　　她叫王艺涵,就读于计算机学院 2017 级计算机科学与技术 1 班,来自东北吉林。高中生活到大学的转变,并不是每个人都能完美地适应,而她属于那个适应力极强的人,很快地习惯了

自己的新身份，融入大学生活中，开始了新的生活。

学习方法从散漫到主动的转变。为了适应大学这种自由的学习生活，她摒弃了以前散漫的学习态度，开始积极寻求同学和老师的帮助，帮助她去开拓新的领域——计算机。计算机是近几年比较热门的专业，她选择它也是因为它就业前景十分好，但是她从未接触过计算机，因此对它极其陌生，多亏同学与老师们的帮助，使她极其迅速地上手了，从一个代码"小白"变成了有一定能力的技术达人。

学习与工作的完美结合。在大一的时候，她加入了团学生会和乒乓球队。对于从小学就接触乒乓球的她来说，乒乓球队是她在未进入大学就做好规划的一部分，在这里师兄师姐们对她十分关照，很快地他们便能完美地配合。她与大家共同努力，取得了乒乓球团队第二名的好成绩，她个人也获得女子单打第三名。在学院团总支学生会里，她积极参与各种活动，主要负责学院公众号推文的撰写以及各大活动的拍摄、宣传和后期的工作。在这里她学习了许多有关于摄影、PS 的知识与技巧，不仅对她后来的生活有帮助，而且对她成功求职也起到了一定的作用。当然，对于大一的她来说，社团任务还是有点多的，在繁重的学习中她也会找到和社团工作的平衡点，很好地把握这个度。在班级里，她是一名宣传委员，四年来组织了许多大大小小的班级活动，凝聚了班级的向心力，辅助班长和团支书等其他班委完成辅导员下发的各项任务，让班级的生活变得更加丰富多彩。

思想上她也不甘落于人后。她的父亲就是一名党员，受到父亲的影响，她也以能成为一名党员为荣。在知道学院可以推荐进入党组织后，她积极申请，多次参加党课学习及考试，提高自己的思想觉悟，并时刻以严格的规范来要求自己，向党组织靠拢。

生活中她把自己安排得明明白白。她让自己的课余生活尽可能地丰富，比如参加各项公益活动、节假日的时候和朋友出去旅游……她认为，做公益能体现自身的价值，并且能帮助有需要的人。珠海是一座美丽的滨海旅游城市，大学期间用课余时间去丈量这座城市的美丽，用镜头去记录她与这座城市的点点滴滴。寒暑假，是她弯道超车的好时机，她会选择去做一些兼职及实习工作，这不仅可以为她的家庭减轻一点负担，还能很好地锻炼自己，提高自己的社会经验。发传单、服装店销售、家教……这些工作她都尝试过，既体验过在炎热的太阳下发传单的苦，也体验过销售的不易，更知道家教身上的负担。她用这些经历磨砺自己，成为自己心目中的胜利者。

大四为未来奋战，她用了将近一年的时间进行国家公务员考试的学习。虽然结果有点遗憾，只有一名之差，但是她并不后悔，因为在这一年的学习中，她学到的知识涉及各个领域，这让她在生活的各个方面都能很好地运用上。也正是这一年的学习，让她对以后的工作有了一个较为详尽的计划，使得自己的人生有了目标。

作为一名 2021 届毕业生，她所拥有的是年轻和知识。年轻也许意味着欠缺经验，可是年轻也意味着热情和活力。她自信就这样坚定下去，在工作和生活中克服各种困难，用自己学到的本事和分析处理问题的能力，不断实现自我的人生价值和追求的目标。作为进取乐观的新时代青年，她会更加要求自己充实充实再充实，改善自身不足之处，始终以提高自身的综合素质为目标，以自己的全面发展为努力方向，树立正确的人生观、价值观和世界观。

大学毕业仅仅是她人生阶段中的一个暂时性的结局，并不等于以后的她要在这里停留，她相信，踏入社会的她未来一定会更加出色！

不负青春时光之辅导员说：

报考公务员是不少大学生在毕业时做的一个选择。有些人是因为受父母的影响去考，有些人是因为不喜欢自己的专业去考，有些人是因为别人考自己也考，有些人是因为不知道自己要干什么而去考。对于要备战公务员考试的大学生，建议在准备前好好思考一下自己为什么要考，不同的原因，做的准备也不一样。有些人只是去体验一下，也有些人考上了以后而后悔，也有些人岗位分析错误没考上……因此，大学生需要认真想好自己为什么考，而这个选择也是自己职业生涯规划的一个重要决策。如何去准备、考试的策略、岗位的筛选与成功考上的往届生的经验交流，这些都是必需的，可以避免走弯路和获取到不真实的信息，而且要认识到国考和省考都很重要。

他说：吹灭读书灯 一身都是月

郑锥浩，原计算机学院2017级网络工程2班学生，现就职于奇安信集团安全能力中心。在校期间曾任计算机学院团学会宣传部干事，计算机学院职业发展中心宣传部部长、副会长，校乒乓球协会会长。2018年间，3月获母校回访实践活动优秀奖，4月获优秀学生三等奖学金，5月代表计算机学院获校乒乓球团体赛亚军，10月获优秀学生三等奖学金，11月获得优秀学生称号，同时获国家励志奖学金；2021年4月获优秀学生三等奖学金。

得之偶然间，失之亦草草。顾我行囊中，何物随人老。时光荏苒，他的学生生涯已经告一段落，这次并非告别某个校园，而是真真切切告别所有校园生活。回顾以往，大学期间是他小小人生中最充实无畏的一段时间。

高考填报志愿时，他清晰记得16个志愿里，他毅然填写了15个计算机类的专业——除了填在第一个的"新闻学"。阴差阳错，被北理选中，被网络工程选中；也幸好，他来到了北理，来到了网络工程，走上了网络安全道路，不仅仅是随遇而安，最终更是如愿以偿。

凭借着对新闻学的兴趣，踏足大学校园，面对着"百团大战"，他毅然选择了学院的团学会和职业发展中心。在团学会的

雏鹰展翅志高远 用奋斗青春书写大学时光

一年里，他学会了摄影以及撰写新闻稿，参与了学院"逐梦100"市教育局团建项目和"双旦"晚会等大小晚会活动。在职业发展中心的三年里，他在实践中提升自身的文稿撰写和摄影能力，组织策划了学校首届生涯活动体验日、校友返校日等活动。

高树风老师在给他们上大一的C语言课程时，提醒他们：大学分为适应期、享受期、迷茫期、奋斗期，从高中到大学的自由度变化带来的是适应期，适应过后便是对美好大学生活的享受，时间再往后就面临着对大学、毕业、就业、人生的迷茫，迷茫过后就是对人生最有价值的奋斗期了。这是每个大学生必经的四个阶段，而每个人最后成为什么样的人完全取决于每个阶段时间长短。他很幸运并没有在享受期荒废太长的时间，而是在经历近一年的迷茫期之后，在大三的寒假他确定了自己最感兴趣的网络安全领域，"没有网络安全就没有国家安全"，他决定从事这项守护国家安全的事业。余世存在《时间之书》中说道："年轻人，你的职责是平整土地，而非焦虑时光。你做三四月的事，在八九月自有答案。"之后的三四月起，他通过视频和专业书籍自学Web安全，参与了CTF比赛锻炼实战，在11月获得了奇安信集团的实习机会，并在两个月后顺利拿到了校招的Offer。

除此之外，在乒乓球协会的三年是他塑造坚毅品质的关键时期。在体育竞技中，场上一秒钟，场下一年功，在球场上教练教会他吃苦耐劳，付出多少才能收获多少，永远不要放弃。这使他对待学习和工作也同样拥有刻苦奋斗的态度，在每次遇到困难时，耐心梳理好思路，不嫌麻烦一点一点调试，一句一句代码读明白。实习的经历更是让他明白，在安全方面没有"应该""可能"这样模糊的词，只有"安全"与"不安全"两种状态，正如在人生中没有随随便便的成功，只有坚定了信念，拥有坚决的执行力才能够达到理想的目标。

在他小小的人生之中，对他影响最大的莫过于他的家庭。他感谢父母给予自己人生中最珍贵的财富——贫穷，感谢他们给予他的教育和支持，他在贫困的生活中得到了缤纷的思想洗礼，在朴实的阳光雨露中沐浴了知识的光辉。诗人是这样说的："任快乐转瞬即逝而欣然拥吻者，将永泽恒世之晨曦。"大学结束的真正意义是我们精彩美丽人生的开端，经历了大学的修行，他迎来了即将靠自己双手打造的生活,他借用电影《死亡诗社》的一句话:让今后的生命如喜悦的诗。

不负青春时光之辅导员说:

"他在贫困的生活中得到了缤纷的思想洗礼,在朴实的阳光雨露中沐浴了知识的光辉。"锥浩如文字中所描述的那样,是个温暖阳光的大男孩,他从进入学院职业发展中心开始,一直是辅导员的好助手。在学生工作中,只要是他负责的活动、项目,必让老师不需要过多操心就可圆满完成。在他身上看不到"贫困"带来的自卑痕迹。他勤奋好学,尤其喜爱文学,但这不代表他的理科不优秀,他多次获得优秀学生奖学金。同时,喜爱文学、喜欢读书的他,在职业发展中心的平台上一度大放光彩,多次推出优秀的宣传作品。

她说:不负韶光,青春在奋进中绽放

"只争朝夕,不负韶华",这既是对奋进者的鼓励,也是对观望者的鞭策。前进的道路不可能全是坦途,但没有比人更高的山,没有比脚更长的路。大学生活,有的人一开始就朝着既定的方向为之努力,而她是在不断试错中去认识自我,忙碌而充实。

不断创新,勇于开拓

大一,强烈的好奇心撑起的探索旅程。初来大学伊始,面对与以往不同的新鲜事物,她想要一一尝试。认识大学的最佳途径就是加入社团,在校学生会和演协两个社团中,她积极配合师兄师姐,不断学习,积极参与策划比赛、资料整理、活动维护等工作,通过这些工作锻炼了自己的社交能力与领导力。在社团遇到了许许多多志同道合的朋友,大家一起探索,探索了"港珠澳青年说"、策划书大赛、视频制作大赛、环保大赛等,虽然不是每一次探索都能成功,但每一次经历都是成长与提升。

经过前期的试水后,她积极联络周围同学一起组队参加校园各项比赛活动,有了之前的经验,她在组织上能够合理统筹规划,发挥大家所长,在台上更加的有自信。如果说当下是迷茫无路的,那就多往前迈一步,多尝试不同的领域,止步不前不如尽情生长。

学而信,学而思,学而行

坚守着大学入学前的规划,她在学习上从不松懈,认真听每一堂课,不断归纳与总结,成绩也一直处于中上的位置。每当看到比自己优秀的人,她就会反思自己,自己的问题出在哪里,而后进行改正,去拉近自己与优秀者之间的距离。正因如此,她的成绩从大一至今每一个学期都处于一个上升的状态。没有什么事是可以一蹴而就的,学习就是这样一步一个脚印努力出来的。

学生时代已经结束,但她认为自己永远是个学生。面临就业,在找工作的过程中她越发体会到学习好是多么的受用,能够将专业的知识运用到实际中是多么的重要。在过往的学习中一直跟着老师的步伐走,所积累的作品大都是老师的想法;不学则殆,不思则罔,在大学的时光,她不断思变,慢慢积累一些属于自己的作品。人生的路还很长,而知识就是她的武器,武器必须足够坚韧才能让她立足在这个竞争激烈的世界之中。

青春爱国,初心不改

一直以来她对中国共产党就有着崇高的敬意,心中最初的信念就是加入党组织,成为其中的一分子。刚进入大学她便向党组织递交了入党申请书,遗憾的是并没有顺利通过考核。失败并没有使她黯然,反而更加坚定了她要入党的信念。第一次的失败不断激励着她前行,经过一年的积累学习,她再一次向党

雏鹰展翅志高远　用奋斗青春书写大学时光

组织递交了申请书，经过几轮的党课培训考核，她终于成为一名入党积极分子。她非常珍惜自己来之不易的积极分子身份，这既是光荣也是责任。

在学习中，她按时完成作业，不旷课不早退，有效利用课后实践来不断提升自己的专业知识。在工作方面，她担任班级心理委员，积极配合老师工作；参与学校社团，用心投身于校、院所组织的各项活动中。生活中，她积极响应组织的号召，为人民服务，在课余生活中她乐于公益，希望为别人做些自己力所能及的事，为此，她会帮人民生活小区除草种树、在校园清理垃圾、前往养老院陪伴老人。

用青春奉献社会，用行动温暖人心。现在她已经是一名预备党员，未来她会继续追求上进，拥护党和国家，遵纪守法，努力实现自我价值。

学以躬行，实践为务

社会实践是连接大学生与社会之间的桥梁，除了校内学习，她连续多年利用寒暑假走进社会中。为了让自己更好地将课上所学融会贯通，在大学的第一个暑期社会实践，她跟着团队去广州、珠海、深圳的多家科技公司参观学习。

在实践中了解城市的发展、专业的定位，以便对自己未来的职业进行规划。

在大学的第二个暑假社会实践中，她选择带领团队前往农村，经过前期的精细策划后，她们一行人出发前往韶关，开展下乡入户活动。"纸上谈兵终觉浅，绝知此事要躬行"，经过一次带队社会实践，她对策划的本身有了新的认识。作为领队，在实践过程中她注意发挥大家所长，将在学校学习的专业知识应用于现实生活中。实践中她们一起走进农村，深度认识农村，也为新农村建设出一份绵薄之力。功夫不负有心人，她们的实践项目荣获广东省重点立项，此次社会实践中她荣获"优秀个人"的称号，带领的团队荣获"优秀团队""灯塔团队""三下乡团队"。

工欲善其事，必先利其器。经过大学四年的思考、学习和社会实践，她不断走向成熟；对知识的渴望、对理想的追求、人际关系的扩展、思维方式的转变，使她不断完善专业技能，务实进取，工作认真负责，具有良好的团队精神。

不负青春时光之辅导员说：

同学们说，她的笑容能够治愈、感染身边的人。她从山里来，淳朴干净的笑容收获了一群志同道合的伙伴；她又走进山里，践行一名当代大学生的担当，服务社会，利用自己所学去宣传新农村建设。

他说：选择远方，便风雨兼程

远方是什么？歌里唱道：到不了的都叫作远方。去远方，则意味着去不断进取，不断提升，不断追求自己热爱的事物。他的大学，就是从迷茫到初探计算机领域，再到因做好准备而抓住契机，进而不断追求自己所爱所想的过程。

迷茫

人在什么时候会感到迷茫，他想是在需要做十分重要的决定的时候，尤其在面临自己人生下一步该怎么走的时候。

2017年，他开始了自己憧憬许久的大学生活，但他被分配到了一个陌生的专业，在第一学期的时间里，他只有迷茫，不知道以后需要从事事业的模样。

工作只是为了更好的生活，他不想以后的几十年可能为养家糊口而从事一份自己不喜欢的事业，他希望做自己所热爱的事情。

新的学期，他转到了计算机学院，开始释放他所有的热情。

初探

计算机是一个迷人的领域，或者说复杂又简单。复杂指的是它所涉及的知识之广，涵盖了亘古不变的操作系统、计算机网络、数据结构算法，也有层出不穷、需要一直去追赶的新技术。简单则是因为在这个领域，只需要做好两件事情就足够：学习技术，还有保护头发。

刚转到计算机学院他就因为专业需要学习的课程之多而倍感压力，但学习始终需要被放在首位，对于 IT 这样重视专业基础的行业更是如此，所以他将重心放到了学习这件事情上，他的成绩一直排在年级前列，每一学期都能拿到奖学金。但他深知专业成绩不代表专业基础能力，得算法者得天下，在课余时间他会和同学一起钻研算法，在大二时也拿到了蓝桥杯算法赛以及团队天梯赛的省级奖项。

契机

一个契机，让他接触到了 Web 开发。那个时候不甘社即将开始新学期的分享会，想加入不甘社的他需要一件作品作为加入协会的敲门砖，于是他选择开发一个 TODO 类型的小程序作为自己的作品。因为有了之前的算法基础，他接受新知识的能力提高了不少，从完全没有接触过 JavaScript 到独立开发一个小程序，他只用了 10 天时间，因为这个小程序他也如愿以偿加入不甘社学习。

一个人闷头敲代码是乏味的，又是一个契机，他找到了志同道合的冯同学一起讨论想法，开发项目打比赛。也正是因为比赛才有了新的契机，他加入了北理小报和 Laplace 团队做技术开发。

追求

开发项目是用来解决问题的。在小报这个平台上，他发起并开发了一个新生助手类的小程序用来解决新生刚到学校时对环境不适应的问题，在小程序上新生可以找到常见问题的解答以及学校详细的地点分类。在活动期间达到了一万多的日活量，后续他们也收到很多新生的正向反馈，让他们倍感自豪。

之后他便开始不断开发新的项目，以代码为笔，创作一幅又一幅的画作。

疫情期间，他更是通过开发商业外包项目，赚取到了大四的学费，给家里减轻了负担。

到了大三末找实习的时刻，他凭借自己丰富的项目经验以及较为扎实的专业基础，拿到了金山 WPS 开发岗的实习 Offer。他在公司里也因为开发效率高、定位问题的能力强而受到领导的认可，在实习了三个月后，顺利拿到了金山的转正名额。

但他仍然不会松懈，因为软件领域的技术更新快，需要不断学习才能和时代的步调保持一致。闲暇之余他会花很多时间去研究框架的底层原理，以及自己欠缺的网络知识，在提升自己的同时也希望能在校招中找到更好的工作机会。他不断提升自己，也能看到生活在慢慢变好，这个过程很辛苦，但能为自己热爱的东西付出努力，既艰辛又很甜。

不负青春时光之辅导员说：

他说："选择了自己所热爱所追求的，那就拼尽全力去做，就算有困难，也得坚持下去，追求的过程中，也要有取舍，能不惧风雨，也要能不恋美景。追求自己热爱的事情，果断舍弃与目标不符或相悖的东西，不把时间花在不值得的人和事上。时光短暂，既然选择了远方，便只顾风雨兼程。"

他说：不断尝试，敢于逐梦

刘子为说，在没有找到热爱之前，那就先热爱上周围的一切。他认为兴趣永远是独一无二的导师，兴趣之下，所有的努力似乎都变得简单而又有趣。他的大学生活似乎就是从热爱开始的。经历不断的尝试，跨入一个个新的领域，挑战一个个困难，敢于逐梦后回想，踏出那第一步与收获的喜怒哀乐似乎就是最好的成就。

雏鹰展翅志高远 用奋斗青春书写大学时光

志愿社会，传革命精神

自大一入学以来，他积极从事志愿活动，并且向党组织靠齐，为党建活动添砖加瓦。

加入计算机学院后，他每学期主动参与公益工作，目前已经获得公益时长近100小时。他认为，公益之行可以让自己和他人感受快乐，用劳动换取的幸福简单而充实。不仅如此，在争取成为班级的副班长后，他代表班级、学院和社团参与各种党团文艺汇演，曾带领累计180余人的团队分别在军训合唱、党团文艺会和诵读比赛中宣传优良思想文化。还记得每次演出的时候，团队成员动作整齐划一地看向前方，手中紧握着五星红旗，昂扬慷慨地道出革命烈士的真实事迹，让他一次次地感动。在学习中他发现，学史明理，勇于实践，青年才俊需扩大自己的视野，所以他不断尝试了各类文、音、视频的思想宣传活动。疫情期间，通过采访数理与土木工程学院辅导员王诗毅老师，他组织撰写了《王诗毅老师:行动诠释使命，抗疫践行初心》，描绘出北理珠优秀党员抗疫期间的真实事迹。

2020年暑期疫情好转之时，他所在的团队前往湖州安吉做暑期实地调研并整理成论文。"金山银山就是绿水青山"是安吉的一张名片，这是习近平总书记于2003年担任浙江省委书记前往安吉县余村考察时提出的科学断论。他们总结出安吉经济发展以可持续化发展为核心，建设理念以绿色生态为主要内容，发展永远是一把双刃剑，但适合的发展才是重中之重。与此同时，他们在与安吉县林业科学研究所的刘益民等老革命的后人交流中了解并认识到，党员先辈不怕危机首当其冲，用血肉挑起了乡村发展的担子，乡村干部们在危急时刻勇于承担责任，带领着安吉不断向最美乡村迈进，这些令他们团队成员深感敬畏。同年10月，作为北理珠京涛海纳工作室的成员，他参与了校优秀实践团队宣传，于七百人报告厅组织分享了京涛海纳团队前往潮州大坑村、铺埔村和西塘村走访村落名人、重温乡村历史、记录乡村发展和展示乡风文明的故事。

在一次次的学习与成长中他不断地领悟：红色精神在一辈辈人中薪火相传，青年人应该紧握时代的接力棒，传承红色精神。

破釜沉舟，以赛促学

通过大一大二的多角度多领域的尝试，他越发感觉到计算机科学与技术专业的重要性。于是大二下学期开始，他主动参加一系列专业建模比赛，坚持以赛促学；并且主动申请成为院实验室助理，完成专业老师安排的专业实践项目。

建模圈常说这样一句话："一时建模一时爽，一直建模一直爽。"数学建模比赛作为理工科学生高级别的学习展示，是一场实力和耐力的较量。大二通过基础性学习以及计算机专业的编程学习，他组建了一支跨专业团队参与建模比赛。小组的每个人都竭尽全力地解题、处理数据、建立模型，让他一次次地感受到团结就是力量，专业素质决定一切的真实内涵。并且这一年也让他越发喜欢上计算机视觉技术，在"挑战杯"的活动中，团队提交了"垃圾分类智能协助系统"，最终该项目在申报中获得佳绩。他认为，以赛促学是一种督促自我成长的方法，也是在专业上利于再学习的成长之道。今年暑期，通过在建模以及实验室的学习经历，他顺利获得高光谱图像处理的实习机会。实习阶段，他似乎踏入全新的领域，在前辈的指导下，他一次次地试错，发现在结合遥感技术、图像处理等方法后，透视万物似乎成为可能，于是他相信高光谱民用化将是全新的时代。

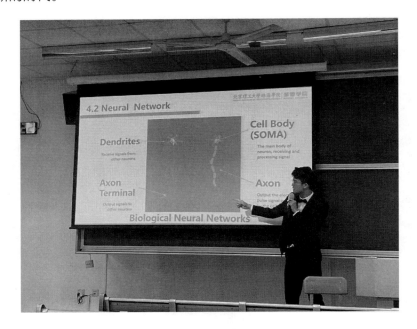

荣誉我创，敢于追光

自从进入荣誉学院，他学会不断反思以及多角度地思考事物，通过不断地积极参与课堂研学，主动与海内外教授探讨，在这几年中他获得了质的成长。在每一次的经历中，追求卓越、敢于追光似乎成为一种目标与动力。2019年暑期，前往马来西亚国能大学进行一个多月的实地研学，他作为组长完成撰写了《The Current Situation and the Characteristics of Medical Tourism in Malaysia》，获2019年暑期马来西亚国能大学研学OUTSTANDING资格，并获2019年优秀论文。从什么都不懂到寻找解决思路、到开始列提纲、到试错、到实践、到回顾，每一个环节似乎都成为一段璀璨明光，在国能大学学习与沉浸的每一个瞬间成为永恒的记忆。从那时起，他就不断积累自己追光的方向，连续三年的暑期调研论文都获得了优秀。在2020年年末的创新创造创业课程中，怀揣追光之心，他作为组长组织提出了"一种带异物收集仓的便携式喷式出水洗鼻器设计报告"，最终获得全班唯一个3D打印创新优秀作品，而后申请提交实用新型专利。

在一次次的学习与成长中他不断感悟到，及时反思、放眼国际、科技创新、贡献社会始终是青年一代的使命，青年新则国新，青年一代有青年一代的责任与担当，敢于追光永远是青年人的进行时。

不负青春时光之辅导员说：

"他的身上有光"，认识子为的同学这样评价他。他一直在做一个追光的人，学史明理，勇于实践，紧跟习近平总书记的步伐，去"金山银山就是绿水青山"的湖州安吉做暑期实地调研。他前往潮州大坑村、铺埔村和西塘村走访村落名人、重温乡村历史、记录乡村发展和展示乡风文明故事，展示广东丰富的红色文化资源，传承红色基因，传承优良革命传统最直观、最生动、最形象的好"教材"。

她说：竹杖芒鞋轻胜马，谁怕？

她是刘思琪，来自计算机学院 2017 级计算机学院科学与技术 1 班。她出生在潮州，但读书在东莞，成长路上动静皆宜，动可顽皮嬉闹，静可认真学习。三年前一次优秀学生党员报告会上她被师兄师姐优秀的学习成绩、突出的公益奉献深深地折服了，他们作为她的榜样，像灯塔一样指引着她走过在北理珠的三年多时光。

我当温柔，却有力量

大一时，她担任团支部书记以及计算机学院心灵驿站的会

长,积极为同学们服务,认真组织活动,配合辅导员的工作,受到同学们一致好评,心灵驿站社团参加念慈菴高校公益比赛并取得投票赛全国第五名的好成绩。假期她参加云南省鲁甸县火德红镇暑期支教活动,没有踏上那片土地时,她从未知道原来渴望读书的眼睛那么澄澈。班上三十余人,年级从小学五年级到高三。班上有个女孩令她印象深刻,小女孩是唯一一名准高三生,起早摸黑学习,但总分却在"二本"线边缘徘徊。她暗下决心要教给小女孩好的学习方法和习惯,她陪小女孩在日出鸡鸣时朗读课本,她伴小女孩在日落西山时温习一日所得。她认为支教的意义不在于当时,在于漫长的日夜后梦想的芽儿,这需要千千万万个支教人去播种、灌溉,很幸运,她是其中之一。

作为2017级计科1班的团支书、学校教务处助理、社团会长,多重身份的她认为,每一个身份接触的事务都不一样,可以学到更多的技能。她在任期间,2017级计科1班连续三年获得五四红旗团支部的称号,是2017级被党组织接收发展人数最多的班级;心灵驿站连续两年获得优秀社团、最具爱心社团称号,她组织的公益活动,相关负责人对她们的表现赞不绝口。宝剑锋从磨砺出,梅花香自苦寒来,繁忙的事务并没有把她打垮,终将使她更加强大。作为2019级计算机类9班的一名班主任助理,她以积极阳光的一面引导他们在学习上和生活上的态度,给他们的学习和生活树立了良好的榜样,其间带领他们熟悉校园,了解学校文化,更快地适应学校,让大家彼此了解,更好地融入这个团结的集体。大四的时候她成绩更加优异,拿到了特等和一等奖学金,但她知道还有进步的空间。

回望大学,她说:"能做的也许不多,但是希望我日后回想起来,青春这段美好的时光有大学一抹重彩。"

满腔热血,一路勇敢

在大学里,她时刻提醒自己要践行公益,积极地参加校内外的公益活动。作为计算机学院心灵驿站的会长,她考取了全国中级心理咨询师资格证,身体力行地参加了云南2017年夏令营支教活动,给大山的孩子带来不一样的心理课程。她不断平衡好学习、社团与工作,在实践中提升自我心理辅导能力,让优秀成为习惯。

雏鹰展翅志高远 用奋斗青春书写大学时光

她热爱公益，同时关注并参与校内的公益活动。她多次参加计算机学院"速度与知行"活动、"明德楼机房"公益活动、"课桌文明"公益活动；她是2017届、2018届高校毕业生系列供需见面会志愿者，"善行一百，温暖行动"志愿者；台风后她志愿帮学校做好卫生维护。

每个月她都会定期参加公益活动，至今她有三位数的公益积分，可以毫不夸张地说，"公益人"是她身上一个闪亮的标签。人各有苦衷，但她不甘平庸。

不停奔跑，只为追赶

从高中的高压模式到大学的放养模式，一开始模式的转换令她倒不过时差，但很快她就进入佳境了。她一直相信良好的学习态度是优秀的学习成绩的基础，大学期间，她坚持不早退不迟到不旷课，在学习上学习刻苦，课后作业认真完成，课堂时积极地与老师互动，遇到不懂的问题勤于请教身边的同学，渐渐地她拥有了勤学好问这个好品质。

大学期间她一直保持零挂科记录，学习成绩专业靠前，课余时间还会帮助同学答疑，她顺利通过英语四、六级考试，还经常参加各种竞赛活动，有知识竞赛，也有实践比赛，在学习上为同学们做表率。课余时间她还参与了两个老师的小组项目，把书本的知识应用到生活中来，纸上得来终觉浅，实践一番才能悟出真道理。

她说:"书山有路勤为径,学海无涯苦作舟,其实很多时候我们都不用比天赋,一万小时定律告诉我们,匠人精神应用于任何领域,平凡人与天才之间也许差的只是时间和坚持。"

她坚信,青春是生命的源泉在涌流,日后回首大学生涯,无悔青春,一定会感谢那个曾经努力的自己。

不负青春时光之辅导员说:

习近平总书记称赞当代大学生是"可爱、可信、可贵、可为"的,嘱咐同学们"人生的扣子从一开始就要扣好",勉励青年学生从现在做起,从自己做起,"勤学、修德、明辨、笃实",使社会主义核心价值观成为自己的基本遵循,并身体力行将其推广到全社会去,努力在实现中国梦的伟大实践中创造自己的精彩人生。思琪,践行自己的初心,毕业进入一所中学任教,她说这是自己热爱的事业。在大学里她一直践行公益精神,不管是在云南大山里,还是在珠海社区里,用自身所学去陪伴和帮助有需要的儿童,就如她一直坚信:"青春是生命的源泉在涌流,满腔热血一路勇敢。"

他说：人生不设限　未来犹可期

宋立祥，北京理工大学珠海学院数字媒体技术专业 2014 届校友，珠海市北纬全景科技 CEO，澳门澳萌集团联合创始人，澳门澳萌影业技术总监，澳门一条街 APP 产品经理，北京点解咨询联合创始人。

每个人的成长离不开锤炼和打磨，有这么一个人，将"捶自己"融入生活，在锤炼自我的过程中学习、创业、创新。也许正是这种千磨万击还坚韧的精神，让宋立祥在创业道路上不畏风雨，将梦想变为现实，成为"**梦想制造者**"。

怀念大学青春　积极规划未来

宋立祥公司年终晚会合照

席慕蓉先生曾说，青春是一本太仓促的书。大学青春匆匆，更值得好好珍惜与怀念。宋立祥在接受采访时，就表示自己非常怀念大学的时光，因为在这段时间里他收获了最纯粹的同学情和最真挚的师生情。人生匆匆，能够拥有一段美好的大学时光则是生命中幸运的事。

在大学时，宋立祥积极规划自己的未来，努力实现自己的目标。他不仅担任班长，还加入粤文化协会，以此来锻炼自己的能力。在选择社团方面，他认为社团不在于多，而是取决于自己内心的追求，粤文化协会不仅帮助他更快地了解广东的文化，而且也能使他更好地融入大学生活。担任班长以及参加社团的经历都可以让他适应大学这个"小社会"的节奏，并且拥有快速融入社会的能力。

安而不忘危，存而不忘亡，治而不忘乱。规划未来时，宋立祥很早就认识到要保持一种居安思危的心态，所以他将有限的时间投入学习和实践中，多次参加大学生创业大赛并获奖，提高了自己的价值和能力，为以后的创业之路打好基础。

没有完美人生　只有充足准备

宋立祥和英国红箭表演队在珠海航展进行 VR 合作

宋立祥认为，要想事半功倍，可以在大学期间注重：规划、健康、兴趣以及目标。有阶段性的规划，才能助力于未来的发展计划。身体是革命的本钱，保持健康的身体，需要坚持锻炼。而兴趣可以帮助我们持续地追求目标，提升个人的能力和素养。除此之外，宋立祥还认为，锻炼提高自己的各种能力也尤为重要，应向古人学习"知我所能，我所能者尽善尽美；知我所不能，我所不能者虚怀若谷"，在大学期间逐渐在各方面提升自己，为未来做好充足准备。

对于宋立祥来说，自己当初直接选择创业，就是生活中不完美的决定。当初还未磨炼出足够应对社会的能力，缺少技巧和方法。但他并没有因不完美的决定而停下创业的步伐，而是努力珍惜当下的时光，积累大量实战经验，不断地充实自己，做好充足的准备，坚定创业的脚步，继续追求自己的梦想。

"生活中不完美的事物往往都是完美的。"宋立祥提到侘寂文化，要以轻松的心境看待短暂的美好，面对生活的不完美。面对无数的未知，宋立祥一直秉持着"因尚努力，果尚随缘"的理念，他不执着追求完美人生，而是淡然地珍惜当下美好时光，把握好每一个机会，做好充足的准备，活出属于他自己的别样人生。

创业已是常态　梦想已成现实

2014 年珠海大学生创业大赛决赛现场

"人都喜欢生活在舒适圈，但是在舒适圈里，人没办法得到成长，只有跳出这个圈子，才能与更多维度的人接触，也才会有成长的空间"，宋立祥说道。

努力走出自己的舒适圈是宋立祥一直在做的事。他坚持学习，拓展人脉，努力创业：与自己的大学舍友兼创业伙伴将全景摄影投入 VR 的内容创作中，并创立了属于自己的新型数字媒体公司——珠海市北纬全景科技有限公司。这些年宋立祥秉承公司"必出精品"的工作理念，不断地突破自己，在 VR 行业领域中持续创新，开拓珠海家装 VR 体验市场，实现基于 HTML5 技术的交互设计。他带领技术团队专注于全景摄影、VR/AR 开发、App 开发以及系统集成开发等，对于宋立祥来说，创业是初心，更是自己生活的常态。

早在 2014 年，宋立祥就在珠海大学生创业大赛决赛的现场说出了自己的创业梦想——创立一个集媒体广告与发展创新科技为一体的新兴媒体数字公司。宋立祥曾说"我卖的是梦"，而如今他已将梦想变为现实，成为一个"梦想制造者"。追梦的路上总会有荆棘，创业的历程不总是一帆风顺，因为宋立祥有梦，有理想，所以他敢于拼搏，敢于应对。阳光下不只是坦途，当宋立祥因 VR 问题而感到迷茫时，他牢牢把握与投资人洽谈项目的 15 分钟，得到"高人指点"，用汗水去滋润他的寻梦之路。至今，北纬全景科技公司一年服务超过 30 个优质客户，已拥有五大主流 VR 平台全网推广渠道、业界精英小组团队，还在战略合作伙伴 IOS 端拥有超 500 万活跃用户。

感恩母校培育　寄语莘莘学子

宋立祥毕业与辅导员合影

雏鹰展翅志高远 用奋斗青春书写大学时光

"我以母校为荣，母校以我为荣"，宋立祥非常感恩北理珠母校的培育以及老师的教导。当北理珠的莘莘学子回味着四年中踩过的每一寸土地，凉凉的夏风总可以在不知不觉中抚平那躁动的心情，四年中的点点滴滴，也会如同潮水般涌上思绪，从大一的矜持到大二的活泼，从大三的成熟到大四的沉稳，日子总在不经意间慢慢逝去，而这里的一切也在默默地见证着莘莘学子的每一次成长，无论如何，期盼北理珠越来越辉煌，终究是每位学子的心愿。

心态决定行为，行为决定习惯，习惯决定人生。大学生应保持一种活到老，学到老的心态看待学习，慢慢摸索出适合自己的学习方法，形成良好的学习习惯，才能让自己的未来多一些竞争力。宋立祥提出三个建议给在校的师弟师妹们：一是坚持每天读书，增加自己知识的广度与深度；二是坚持锻炼一项技能，无论是学习一项才艺或是练习一门外语，都可以使自己更热爱生活；三是养成存钱的好习惯，懂得积蓄财产，投资自己的未来。

少年正青春，人生不设限，未来犹可期！

不负青春时光之辅导员说：

习近平总书记到中国人民大学考察调研指出："立足新时代新征程，中国青年的奋斗目标和前行方向归结到一点，就是坚定不移听党话、跟党走，努力成长为堪当民族复兴重任的时代新人。"当代青年大学生在大学期间要抓住时代机遇，努力成长为"四有"好青年，以时代楷模为榜样，扎实学习理论基础，践行专业实践。宋立祥在大学期间重视"规划、健康、兴趣以及目标"，坚定创业梦想，做有志青年。

他说：这就是我，北理工中不一样的烟火

他是2014级计科1班的杨贵文，来自广东广州，性格阳光开朗，喜欢与人沟通和相处，现就职于珠海数字动力。他是一名经历过两次高考洗礼的学生，所以无论在思想上还是承受压力方面上，可以说都是较同龄人成熟和稳重的。2014年9月，他怀着对大学生活的美好憧憬，来到了北京理工大学珠海学院，正式开始了他的大学生涯。

自进入大学以来，他时刻提醒自己把学习放在首位，所以无论是在课堂出勤，还是作业完成情况上，他都能准时出勤并上交作业。在校期间，通过自己的刻苦努力，在五次校级奖学金的参评中，他共获得了三次校级奖学金，其中包括两次一等奖学金、一次三等奖学金。

因为自己由小学开始到高中，对英语一直充满着热爱和激情，所以在大一学年中，他通过自己的努力，当上了班级的英语课代表，成为英语老师的课堂小助手，为英语老师在工作上分担了许多的负担。在大一第一学期中，他作为班级篮球队的一分子参加学院篮球新生杯比赛，并取得了计算机学院新生杯第一的好成绩，为班级荣誉增添了一份光彩。

在大一生活中，他一直没让自己闲着，经常自我鼓励，参加学校社团的各类演讲比赛锻炼自己的口才。同时，他也通过

雏鹰展翅志高远 用奋斗青春书写大学时光

对自己兴趣爱好的认识，加入了北理工粤文化协会的礼仪部以及北理工校乒乓球协会。在经过社团的礼仪培训和自己的努力争取下，他曾多次担任社团活动晚会的主持人。也正是因为不断地锻炼和挑战自我，才让他在演讲和口才上有了一定的提高。到了大一下学期，他当上了学院乒乓球队的队长，对球队队员进行训练，在担任队长的三个学年中，他带领学院乒乓队分别夺取了校乒乓球混合团体赛的第二名和第三名的历史好成绩，为学院荣誉争光，得到了学院领导的表扬。

上了大二，因为团队管理协调能力突出和责任心较强，他被校乒乓球协会教练和队友们推荐成为校乒乓球协会的会长，担负起了带领管理球队的重任，成为北理工校乒乓球协会有史以来第一位连任两届会长的学生。在任职期间，除了组织协会队员进行每个学期的摆摊纳新、出席社团展示活动，他还协助球队教练带领校乒乓球精英队的队员们进行每周三个晚上的集训。除此之外，他在任职期间先后成功策划举办了四场大型的校级比赛以及多场对外乒乓球交流赛，成为北京理工大学珠海学院第一届校乒乓球新生杯的创办人，让更多校内的学生了解我们的国球，爱上我们的国球，为球队的宣传和推广做出了自己应有的贡献。每当和队友们代表校乒乓球协会出去打比赛的时候，身为队长的他，都会时刻提醒队友们要有集体荣誉感，他们是一个团体，他们所代表的是北理工的学生，无论参加什么比赛，他们都要全力以赴，赛出风格赛出水平。

在每个寒暑假他也没让自己在家里闲着，而是发挥乒乓球特长。凭借策划组织经验，他和自己一位北京体育大学的同学合伙举办了名为"北之体"的寒暑假乒乓球训练营，教当地的小朋友打乒乓球。通过举办乒乓球训练营，不仅让小朋友们了解我们的国球，爱上我们的国球，同时也让更多家长认识到北理工的学生也是好样的！凭借着自己在体育竞技方面的贡献以及亲身体验，他在大二下学期鼓起勇气参加了"北理工校园体育健将榜十佳人物"的竞选，并且以独有的优势被评为"体育十榜人物"，这对他来说不仅仅是一份荣誉，而且更多的是对他在体育竞技贡献上的肯定和鼓励，让他更加有动力去把国球发扬光大并传承下去！

时间过得飞快，转眼间便到了大三。在辅导员的鼓励以及自己的努力争取下，他竞选上了学院的班主任助理，成为辅导员的一名好帮手。在工作上他不仅为辅导员以及学院领导们减轻重担，在与学生沟通交流方面也深受学生喜爱，成了他们的良师益友。他多次开展班级活动，营造了良好的班风学风氛围，在大一第一学期的期末考试中，取得了全校高数 A 平均分前三、C 语言平均分全学院前三的好成绩。他还带领班级的学生们夺得了院运会第一的好成绩。

在生活方面，他从小就特别独立和节俭。他和许多人一样，都出生在一个很普通的家庭，虽说家里的经济条件也能供自己读完大学四年，但是他更希望在进入大学以后，尽快地让自己脱离对家里的依赖，通过自己的努力去赚取大学四年的生活费。所以，在大一的时候，一次很偶然的机会，他找到了一个很好的推广营销产品的平台，他没有放过这个契机，不断地去摸索，通过利用网络上的各种第三方平台的软件，他的小副业微商逐渐步入了正轨。到了大二以后，他每个月的生活费以及各种学杂费都已经能自己解决，再也没有向家里要过一分钱生活费；而且每逢节假日或者放假回家，他都会利用通过自己努力赚来的积蓄请家里人一起出去聚餐或者给家里买各种生活用品帮补家用。在体会到花钱容易赚钱难这个道理以后，他对自己的花销更加的理性，所赚得的钱除了用在生活费和帮补家用上，剩余的都会好好存起来，因为他要从大学开始便为自己以后的创业资金做准备。做了接近三年的微商，他在推广营销自己的产品的同时，也了解到了这个市场所空缺的一个需求，他希望把握住这个契机，好好努力去创立自己的原创潮流品牌公司，弥补这个市场的空缺。他坚信，他的未来不是梦！

在通往梦想的道路上，虽然会布满荆棘，会遇到各种挫折和挑战，但是他相信，通过自己的不懈努力，总有一天，他能实现自己的创业之梦！他叫杨贵文，他要成为北理工中不一样的烟火！

不负青春时光之辅导员说：

高校创新创业课程已经是一门必修课，同时包含理论知识、实践练习、大赛参与等多方面、立体化的内容形式。对于大学生来说，借助自身的专业学科知识进行创业，是大学生选择创业的方式之一，也是机会型创业的典型。杨贵文在工作后，能够结合自己所学的专业，找准创业的方向和领域，并快速组建创业团队和公司,迈出了创业的第一步。

我们相信很多大学生都有过创业的想法,可是创业不仅仅停留在想法上,创业需要创业者综合的知识和素质,需要有一个强有力的创业团队,需要越挫越勇、不轻易放弃的毅力和韧性,更需要良好的机遇。以 IT 创业为例,不少人认为就是几个年轻人、一个创意、一个专利技术、一笔风险投资,占一片市场,弄到股市上,然后一夜暴富,其实,IT 创业过程非常复杂,从创意构想,到筹集资金、设计研发、市场推广等,需要经历无数环节,其中任何一个环节出现问题,都可能导致创业失败。

她们说：软件测试攻城狮
是如何"练"成的

遇见团队承办的生涯人物访谈第1期——"软件测试攻城狮是如何'练'成的"如期开展。

生涯人物访谈嘉宾，分别是来自珠海市魅族科技有限公司软件测试工程师，计算机学院2017届毕业生劳燚玲和计算机学院2015级学生洪嘉悦，旨在通过她们对于求职经历、工作认知、工作经验、大学学习生活等的交流与分享，获得对于软件测试工程师职业的认知理解，更深入直接地获取软件测试工程师的相关信息。

访谈开始，两位嘉宾就摒弃了枯燥的讲述，直接通过讲自身经历的形式为大家展示软件测试工程师的日常工作。栩栩如生的讲述，让在场的同学全神贯注地投入相应场景中，对软件测试工程师有了更为深入的理解。讲述过程中，嘉宾也会与大家互动，为大家答疑。一开始在场的同学们尚显羞涩，都不敢主动提问，但是随着两位嘉宾的耐心引导，两位2016级同学率先对于软件测试工程师的求职门槛进行了提问，之后劳燚玲通过自己面试的经历，对这个问题进行了详细解答。随后在场的同学也对于软件测试工程师与平时学习的关系、软件测试工程师的平均薪资等问题提出了自己的疑问，两位嘉宾都一一进行耐心、细致、全面的解答。当人专注的时候，总是感觉时间过得很快，不知不觉，时间的指针已经指向结束的时刻，访谈的最后，两位嘉宾强调，在学好技术之外也应该注重自身综合能力的提升，例如与人沟通的能力、专业英语的学习、学习能力等，这会让大家在未来的职业发展中受益匪浅。

通过生涯人物访谈，让尚未工作的同学们初步了解了软件测试工程师职业，两位嘉宾也为在座的同学们分享了自己宝贵的求职经验和职场工作经历，为同学们今后的职业规划起到积极促进作用。

【职位简介】

软件测试工程师（Software Testing Engineer）指理解产品的功能要求，并对其进行测试，检查软件有没有错误（Bug），决定软件是否具有稳定性（Robustness），写出相应的测试规范和测试用例的专门工作人员。简而言之，软件测试工程师在一家软件企业中担当的是"质量管理"角色，及时纠错及时更正，确保产品的正常运作。由于工作的特殊性，软件测试工程师不但需要对软件的质量进行检测，而且对于软件项目的立项、管理、售前、售后的等领域都要涉及。按其级别和职位的不同，分为初级、中级、高级三类。

他们说:"解码"攻城狮

每一个计算机的学生都有一颗向世界计算机"大牛"们靠拢的心,在大一就付出百倍的努力去学习 IT 领域的知识,或许每夜疲劳,倾尽心血,可是成果颇浅。到底要怎样努力才能向世界计算机"大牛们"靠拢呢?

生涯人物访谈第 2 期——"解码"攻城狮如期开展。

本期生涯人物访谈嘉宾,我们邀请到了来自北京三快在线科技有限公司(美团)前端开发工程师、计算机学院 2018 届毕业生赖远文,和腾讯科技(深圳)有限公司软件开发工程师、计算机学院 2018 届毕业生李嘉铭。

访谈开始,现场满怀期许的同学们从在校学习经历、求职经历、企业最看重的方面等进行提问。赖远文说道:"让我体会最深的是大学是一个公平的起点,每个人都可以用这四年的时光,弥补以前的不足并且超越别人。记得刚进入大学的时候,跟着班助去机房学习、写代码,在班助的宣传下,知道了程序设计基础协会。在程基的课堂中,不断接触算法,自己的能力逐渐提高。很幸运,在大一下学期加入了不甘社,在这个社团里面,我的学习方法、对待课程成绩的态度有了巨大的改变,换句话说就是终于从高中生蜕变成了大学生:我已经不是为了考试而学习的高中生,而是为了学习而学习的大学生,也不是为了追逐分数的学生,而是为了提高专业能力的大学生。大三下学期,在结束了忙忙碌碌的社团活动之后,我开始了自己的笔试面试之旅。我拿到第一个面试机会的公司是阿里,怀着激动而紧张的心情打开视频面的界面,没有太多的准备,面试就开始了,在这十几分钟里面,被问了 Java、Android 和一些项目的问题,因为没有准备,所以面试毫无意外地'挂'了。不过这次面试也告诉自己,平时学习容易被忽略的内容,正是一些面试官喜欢问的问题。"

李嘉铭则说道:"有两件事情对我影响很重要。第一件事情就是自己独立完成的小程序正式上线,第一天的流量达到 6 000+。这也是我们学校的第一个小程序,这个小程序历经三个月,其间有过不少的挫折,曾经想放弃,但是最后还是坚持下来。第二件事情就是成功收获得某公司暑假实习的 Offer,这对我来说完全是一个人生的转折点:能够进入公司实习,让我认识更多的'大牛',向他们请教问题,收获更多的知识和体会。在实习过程当中,体会到大公司的文化,每一个人都乐于分享自己的知识,在交流中进行知识的碰撞,激发更好的方案。光阴如梭,不知不觉已临近毕业。我现在的能力是因为有师兄师姐的教导,希望这种传承能继续下去,我将利用闲暇时间,指导师弟师妹们学习编程项目知识。这也是检验自己有没有真正学会知识,当你把这个教会了其他人之后,你就基本掌握了它了。"

不知不觉,时间的指针已经指向结束的时刻,访谈的最后,两位嘉宾强调,在学好技术之外也应该注重自身综合能力的提升。

他们对求职经历、工作认知、工作经验、大学学习生活等的交流与分享,让同学们从中获得对于软件开发工程师职业的认知理解,更深入直接地获取软件开发工程师的相关信息,为同学们的职业规划起到积极促进作用。

【职位简介】

Web 前端开发工程师,主要职责是利用 HTML/CSS/JavaScript/DOM/Flash 等各种 Web 技术进行产品的界面开发,制作标准优化的代码,并增加交互动态功能,开发 JavaScript 以及 Flash 模块,同时结合后台开发技术模拟整体效果,进行丰富互联网的 Web 开发,致力于通过技术改善用户体验。

经验 | 职场：赞那些日子，或许平淡无味，或许波澜壮阔

主人翁：某赛

工作地域：北京

工作单位：某研究院

专业背景：计算机科学与技术应用

工作岗位：项目经理

12月份开始，我陆陆续续接到六七家单位的面试，面试过程挫折不断，感悟颇多，心想一定要写一篇面试总结，给自己这两个月的经历画个圆满的句号。

从入职方正以来，我已经五年多没找过工作，更不用说参加面试了，内心**陌生且胆怯却又信心满满**。

刚开始面试，对自己期望值很高，内心承受不了失败。可能太注重结果，导致屡屡面试后，音信全无，也越来越自暴自弃。

还好家人和朋友不断地宽慰我，让我慢慢地静下心来，开始享受每次面试过程，不再心急和强求。如果失败了就只当是尝试，免费获得锻炼的机会，能够了解不同公司的情况、见识不同的人，让自己吸取不同的经验教训，也算给平淡生活增加些色彩点缀，是一次难得的经历。

无论结果怎样，我都积极、坦然、乐观、微笑地去接受它。

因为我相信,

每一份经历都是收获。

我还相信,

我能找到合适的工作,

只是时间或早或晚而已。

他们没有选择我,

不是因为我不好,

而是因为不适合。

终于,时光没有辜负我的努力,在 1 月 9 日阳光明媚的清晨,我收到了一封满意的 Offer。

最后终于等到你,还好没放弃。

面试就像人生,你的努力不一定很快地得到肯定,但你的内心一定要相信:所有的努力和付出,时光都会记得,如果它许不了你一个"梦想成真",但它一定会补你一份"无心插柳柳成荫"的。只不过是或早或晚,或显性或隐性,或物质或精神,不同呈现方式的差别而已。

就像曲婉婷的《最好的安排》歌词里写的那样:

他们说一切都是最好的安排

就让爱教我学会忍耐

我愿意承受所有绝望与苦难

如果一切是最好的安排

面试就像人生,我也遇到了形形色色的面试官。有正面形象,他们放低身价,不断给你肯定和尊重,让你重塑信心;也有负面形象,他们拿领导架子、刁钻、咄咄逼人,让你看到人性的邪恶与丑陋。

不同的教养和内涵塑造不同的人物,展现着不同的人格和修养,就像给我上一堂人生课,教会我该做一个怎样的人。

那些在面试中放低身价,不断给我肯定和尊重的领导,即使落选,我也真心地佩服和认可这家公司,我相信他们都会有不错的发展,他们具备的人格特质,一定会在日后的工作乃至生活的方方面面中展现出来,并产生积极的影响。

而那些在面试中拿领导架子的、刁钻的、咄咄逼人的领导，他们不需要我来评价，道不同不相为谋，时间会给予最完美的解释。

都说先做人，再做事，这话不假。

一个人好比一家企业，你的性格特质就是你的企业文化，你的人格魅力便是你的企业形象，你做的每件事都是你的产品，其他人通过观察你的产品和服务的质量，决定是否与你合作。

因为比所有表面因素更重要的关键和核心是：你到底是个怎样的人。

真正在根本上左右一个人一生的发展轨迹的，不是命运，不是运气，不是外因，甚至不是一时的学历和能力，而是你，具备怎样的人格。

赞那些日子，或许平淡无味，或许波澜壮阔。

过一个有温度、懂情趣、会思考、元气满满的人生。

不负青春时光之辅导员说：

"赞那些日子，或许平淡无味，或许波澜壮阔。"求职是大学生转变角色的第一步，从熟悉的校园生活转变到职场人的生活，面临新的未知和征途，最终完成职场蜕变。大学生在准备求职面试过程中，充分准备是前提，例如专业技能知识的准备、面试问题的准备、面试方式的了解。通过与在应聘目标企业工作的师兄师姐进行交流取经，获取更准确的面试信息和内推机会，能够减缓求职过程中的焦虑和紧张。大学生在求职过程中持有开放的心态也是特别重要的，当面临失败，要能够客观看待结果，从分析过程开始去总结经验，复盘面试，为下次面试做充分准备，相信风雨后总会是彩虹。

辅导员说：我是一名辅导员，坚守初心，践行育人使命

"2019年珠海要深入学习贯彻习近平总书记对广东重要讲话和重要指示批示精神，抓住用好粤港澳大湾区建设重大历史机遇，深入落实省委'1+1+9'工作部署，奋力打造粤港澳大湾区重要门户枢纽、珠江口西岸核心城市和沿海经济带高质量发展典范。一要把学习贯彻习近平总书记对广东重要讲话特别是对珠海重要指示精神作为首要政治任务，养成政治自觉和行为习惯，用工作落实体现学习贯彻成效……"这是2019年2月12日至13日，广东省委书记李希到珠海市，深入农村、企业、项目施工现场，就学习贯彻习近平总书记对广东重要讲话和重要指示批示精神，落实省委十二届六次全会工作部署，推进粤港澳大湾区建设进行调研时的讲话。

习近平总书记来到珠海横琴，对横琴的每一步发展都关心。10年来，珠海横琴新区从无到有，变化很大。我们始终不忘初心，让这里充满创新发展活力。作为珠海的一名公民，我感到骄傲和自豪，同时责任感和使命感油然而生，"作为一名高校辅导员，如何坚守初心，践行育人使命，在珠海建设中发挥作用？"

辅导员，学生成长路上的指导者和引路人

中发〔2004〕16号文件的配套文件《教育部关于加强高等学校辅导员班主任队伍建设的意见》指出："辅导员、班主任是高等学校教师队伍的重要组成部分，是高等学校从事德育工作，开展大学生思想政治教育的骨干力量，是大学生健康成长的指导者和引路人。"辅导员是高等学校教师队伍和管理队伍的重要组成部分，具有教师和干部的双重身份。辅导员是开展大学生思想政治教育的骨干力量，是大学生日常思想政治教育和管理工作的组织者、实施者和指导者。辅导员应当努力成为学生的人生导师和健康成长路上的知心朋友。

坚守初心，尽心守护，学生青春路上的守护者

职业幸福感离不开职业的认同感和获得感，节日的祝福，天气转凉时的叮嘱，考试前期的鼓励和提醒……辅导员与学生一路同行，努力做到思想上关注，行动上关爱，精神上关怀。

2008级广东籍的晓红（化名）因恋爱问题，多日来情绪抑郁，心烦意乱，无心学业，对大学生活的所有期待与憧憬化为乌有，对爱情、友情充满了怀疑，失恋的痛苦、好友的背叛就像恶魔一样，无情地折磨着她。在她最脆弱无助的时候，我成为她倾诉的对象，做一名耐心的倾听者、引导者，一次次地深夜交谈，陪伴她度过生命中最灰暗的时光，晓红开始振作精神，增强了生活信心。2011级学生小磊（化名）自升入大三后，因学业及家庭原因，晚上经常失眠，休息不好，导致身体乏力，上课不在状态；在这期间，小磊说自己最近从宿舍楼出来碰到很多学生觉得很不自然，有些怕到人多的地方。征得小磊的同意，我联系了学校心理咨询老师，沟通了小磊的情况，配合心理咨询老师，关怀小磊情况，寻求解决办法，帮他树立信心。通过心理医生、家长共同关注，小磊顺利毕业，并且找到满意的工作。"刘导，我现在到北京工作哦，谢谢当年您的悉心关怀和陪伴……"当收到小磊发来的短信时，我知道了做辅导员的幸福莫过于用爱去守护学生的成长与生命。

雏鹰展翅志高远 用奋斗青春书写大学时光

坚守初心，做夯实学风的坚守者

不忘初心，做好本职工作，拓宽沟通渠道，搭建沟通平台，进行思想引导。随着移动互联网的迅速发展，从2008级学生的QQ时代到了现在的微信时代，通过搭建微信群、班级微信公众号等新平台，形成多渠道、多方位，线上线下互动，对学生进行全面、立体的思想教育和引导，真正做到"学生在哪里，辅导员就在哪里"。加强网络思想政治教育，培养了一批网络舆论监督员和网络评论信息引导员，当学生们出现问题时，能够第一时间捕捉到相关信息，对学生进行教育和引导。

坚守初心，做创新实践育人的探索者

培养学生的公民意识和社会责任感，组织开展"互联网+红领巾"活动，与学校附近中小学结对子，每学期利用周末时间带领学生走进中小学，将新科技带进中小学课堂，引导中小学生合理安全使用互联网。社会实践活动不仅锻炼学生自身的才能，培养学生吃苦耐劳的精神，更重要的是让学生深入社会、服务社会、回报社会，增强学生的公民意识和社会责任感。

同时，结合专业特色指导开展电脑义务维修活动，把专业和公益相结合，在服务社会和学生教育中取得良好的效果。开设维修群，网上报修，收获了师生的赞誉和学校的肯定，登上《珠海特区报》，获学生自治工作优秀案例一等奖。指导党员开展"暖心行动、青春飞扬、南北连线——'立足农村、投身实践、服务社会'计算机学院大学生党员社会实践活动"，获得2017年广东省大学生党员暑期社会实践项目立项，这是响应习近平总书记在全国高等学校思想政治工作会议上的讲话中所指出的："要更加注重以文化人以文育人，广泛开展文明校园创建、开展形式多样、健康向上、格调高雅的校园文化活动，广泛开展各类社会实践。运用新媒体新技术使工作活起来，推动思想政治工作传统优势同信息技术高度融合，增强时代感和吸引力。"发挥大学生党员先锋模范作用，结合专业特色，充分利用网络优势，发挥科技引领作用，服务社会基层组织。

坚守初心，服务社会的践行者

高校辅导员队伍专业化、职业化发展，需要结合本职工作，不断总结提升理论基础。在开展学生教育工作中，以职业生涯发展理念为主线，以培养意识为目标，以明确大学阶段使命为中心，以启发个人理想为关键，以专业教育为切入，以体验引导为保障，将课堂教学、团体辅导、咨询、活动结合起来，构建立体化、全程化的辅导网络体系，积极推进学生就业工作，推行"精准化服务"理念，构建多形式多渠道就业格局。疫情期间，通过线上简历指导、面试技巧指导、就业讲座等方式进行就业指导，依托辅导员工作室平台，开展线上简历指导、生涯咨询工作，共服务校内外学生 300 余人。

作为**一名辅导员**，是珠海建设中的一颗螺丝钉，**学生成长路上的指导者和引路人**。立德树人，做好本职工作，培养好学生，发挥自己专业知识和大学生的力量，服务社会，是对职责最好的回答。

后 记

党的十九大报告中，习近平总书记强调党的初心和使命是为中国人民谋幸福，为中华民族谋复兴，鼓舞全体人民不忘初心、牢记使命、不懈奋斗，勉励广大青年志存高远、脚踏实地，勇做时代弄潮儿。大学生是青年中最富于梦想、最善于思考、最敢于实践、最勤于创造的青春队伍，辅导员是大学生成长成才的导师和知心朋友，需要引导帮助大学生系好人生第一粒扣子，守好教育这片责任田。编著者推行"精准化服务"理念，构建多形式多渠道生涯规划教育格局，依托辅导员工作室平台，通过线上简历指导、面试技巧指导、就业讲座等方式进行就业指导，开展线上简历指导、生涯咨询工作，通过"一对一"服务校内外学生1 000余人。

本书是珠海市重点资助优秀辅导员工作室（刘丽工作室ZH2018FDY-3）成果之一，是学校学生工作"精英明志"育人体系系列成果之一。本书在编著过程中得到了北京理工大学珠海学院领导的支持和帮助，在此表示衷心的感谢。同时，感谢工作室成员吴桂芬、任艳、何孟良等的大力支持，感谢学生们的参与支持。编著者对案例撰写、筛选、规范格式、文字修改、查漏补缺、案例点评，几经来回，终于完稿。由于编著者水平所限，本书尚有许多不周之处，敬请大家批评指正。

编著者
2021年12月